神奈川カフェ日和

KANAGAWA CAFÉ DAYS

森と水辺に訪ねるお店

エー・アール・ティ 著

JN103289

Mates-Publishing

CONTENTS

CHAPTER 1 緑を求め足を延ばす 森カフェ

CHAPTER 2 都会で出合う 森カフェ

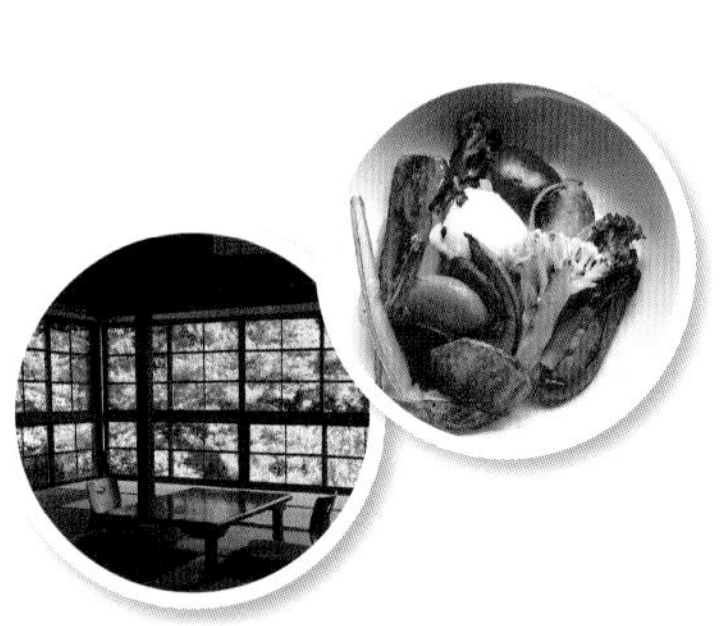

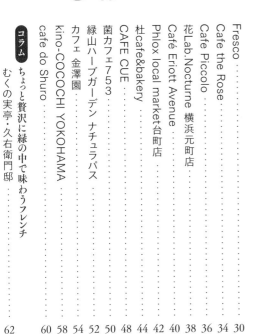

CHAPTER 3 美しい景色に浸る 海カフェ

CHAPTER 4 癒しの水辺 湖と川のカフェ

本書の見方

本書では4章に分けて、緑豊かな森カフェと、
水の流れを感じる水辺カフェを紹介しています。

チェックポイント

通し番号＆所在地

おすすめメニュー

お店を代表する食事、スイーツ、ドリンクなどのメニューをピックアップして掲載しています。掲載金額は(税抜)の表記がない限り、税込み価格です。

店のデータ

- 電話番号
- 住所
- 営業時間
- 定休日
- 駐車場　ペット
- 禁煙・喫煙
- 最寄り駅やICからの行き方と所要時間

店名

※本書に記載されている情報は、2023年8月現在のものです。営業時間・定休日・メニュー・値段などは予告なく変更になる場合がありますので、事前にお店までご確認ください。

日常の喧騒に疲れたら、
自然豊かな場所に身を置き、お気に入りの一杯を。
きっと、心が満たされるのを感じるだろう。
「非日常」は意外と身近な場所にある。
森と水辺があなたの訪れを待っている。

CHAPTER 1

緑を求め足を延ばす

森カフェ

深呼吸をしに電車や車に揺られて
小旅行。緑溢れるカフェに身を置けば、
心身ともにリラックス。

midori cafe
01
鎌倉市

ブックカフェ 惣 common

［ブックカフェ ソウ コモン］

木漏れ日の中、読書に没頭 鎌倉山で過ごす贅沢な時間

毎年春には満開の桜並木が山中を彩り、花見客やハイキング客で賑わいを見せる鎌倉山。鎌倉駅からバスに揺られること20分弱。旭ヶ丘の停留所でバスを降りると、小鳥のさえずりが出迎えてくれる。眼下に広がる鎌倉の町の向こうには、太陽を照り返す大海原。300mほど歩けば、「ブックカフェ 惣 common」の暖簾が見えてくる。

2021年、「地元の方々の憩いの場所に」との想いから、自宅を改装して誕生したこちら。ブックカフェと名乗っているが、ただ本を読みながらくつろげるカフェではないのが面白い。「一度でも人の手に渡った時点で、内容に変わりはないのに、販売価格が半分以下になってしまうことが以前からの疑問でした。そこで、当店で販売する本は新品・中古を問わず正規の価格で販売する代わりに、再びお持ち頂いたら7割の金額で引き取ることにしたんです」と店長の鳥野泉さんは語る。

鎌倉山の自然と向き合う形で椅子が配置された店内は、ほどよい静けさが保たれている

店の目の前は清々しい風が吹き抜けてゆくウッドデッキ。斜面には竹林が広がり、鎌倉山の自然に包まれる感覚が心地良い。

大きな窓から木漏れ日が差し込む店内に並ぶのは、ブックディレクター・幅《はば》允孝《よしたか》さんにより厳選された書籍の数々。前ページで紹介した、この店独自の本の流通・循環システムを考える中で、選書についてもSDGsを念頭に置きながら依頼をしたのだという。書棚はテーマごとに見やすく分類されており、「体と心の健やかさ」「公平な社会の在り方」「まちと住まいの行く末」など様々。「お客様は平均して2時間ほどはゆっくりされていきます。読書に疲れたら鎌倉山の自然をしばし眺め、また本の世界へと戻る。そんな風に楽しまれる方が多いですね」と鳥野さん。

店内で提供しているのは、読書の邪魔にならないドリンクとスイーツのみ。エスプレッソやカフェラテ、ほうじ茶ラテなどはオーダーを受けてからエスプレッソマシンで抽出するため、香り高さが特徴。さっぱりとしたバニラアイスと合わせた、アフォガートも人気だ。

1

3

2

1.お洒落な書店のような一角　2.一杯ずつ淹れられるカフェラテには烏野さんによるラテアートが　3.「ほうじ茶アフォガート」は、バニラアイスが纏ったほうじ茶の香りとほろ苦さが絶妙

MENU

エスプレッソ
…… 300円～

ほうじ茶ラテ・緑茶ラテ
…… 600円

各種ケーキ
…… 700円

アフォガート
…… 600円

CHECK

まだ見ぬ本との巡り合い

エッセイから実用書、図鑑から絵本まで、店内に並ぶ本は1500冊以上

DATA

0467-80-2736
鎌倉市鎌倉山2－19－31
10:00～18:00
火曜・水曜
あり　ウッドデッキのみ可
禁煙
JR「鎌倉駅」よりバス約16分
「旭ヶ丘」より徒歩約4分

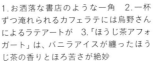

midori cafe 02 鎌倉市

GARDEN HOUSE KAMAKURA

[ガーデンハウスカマクラ]

2

1

1.鎌倉の自然を想起させる、木の温もりに溢れた店舗　2.きびきびと笑顔で働くスタッフ。左から篠田悠太さん、三宮加琳さん、名倉優希さん

3.店内だけでなくテラスも席間のスペースがゆったりと確保されている　4.落ち着いた雰囲気の店内。地元の人々だけでなく、県外からの観光客も訪れる

時代を彩った漫画家の緑あふれるアトリエ

川端康成、国木田独歩、大佛次郎…、海と山に四方を囲まれた古都・鎌倉を愛した文化人は枚挙に暇がない。彼らが愛した時代の情緒を今に残していることも、時代を超えて鎌倉が愛されている理由だろう。

そんな鎌倉を愛した一人が横山隆一だ。1956年に新聞で連載が始まった4コマ漫画『フクちゃん』（主人公のフクちゃんはそれ以前も『江戸っ子健ちゃん』の脇役として登場）は通算5534話を数え、ラジオドラマ化や酒造会社のマスコットにもなる国民的キャラクターに。連載終了から10年以上が経った1982年にはアニメも放送された。横山隆一が自宅とアトリエを構えたのが、鎌倉駅からほど近い御成町だ。多くの芸術家仲間と語らい合ったアトリエは、往時の姿をできる限り留める形で、「GARDEN HOUSE KAMAKURA」として改装され、横山隆一と鎌倉のゆかりを今に伝えている。

店自慢の一品「鎌倉ハムステーキ」は、お酒との相性も抜群

この店の主役といえば、広々としたテラスだろう。一年を通して緑を絶やさない常緑樹、そして一際大きく聳える、横山隆一も愛でたという桜の木。桜吹雪舞う春の風情はまた格別だ。

こちらではSeason-inspired（季節）、Fine-crafts（手作り）、Eat Local（地産地消）をテーマに、鎌倉・湘南の旬の食材を使用した料理をノーザンカリフォルニアスタイルに仕立てている。開店以来人気を博しているのが、鎌倉で創業120余年の「鎌倉ハム富岡商会」がこの店の為だけに卸しているという厚切りロースハムを使った「鎌倉ハムステーキ」。豚肉の塩気と甘めのハニーマスタードの相性が絶妙な一品だ。また、地元で愛されるクラフトビール「鎌倉ビール」もおすすめ。樽から直接注がれる為、生ビールならではの出来たての味わいを楽しめる。

多くの文化人の琴線に触れた鎌倉の魅力に浸りながら、地元食材に舌鼓を打つひと時。家族や友人同士、そして一人で訪れても、特別な時間を過ごせることだろう。

1
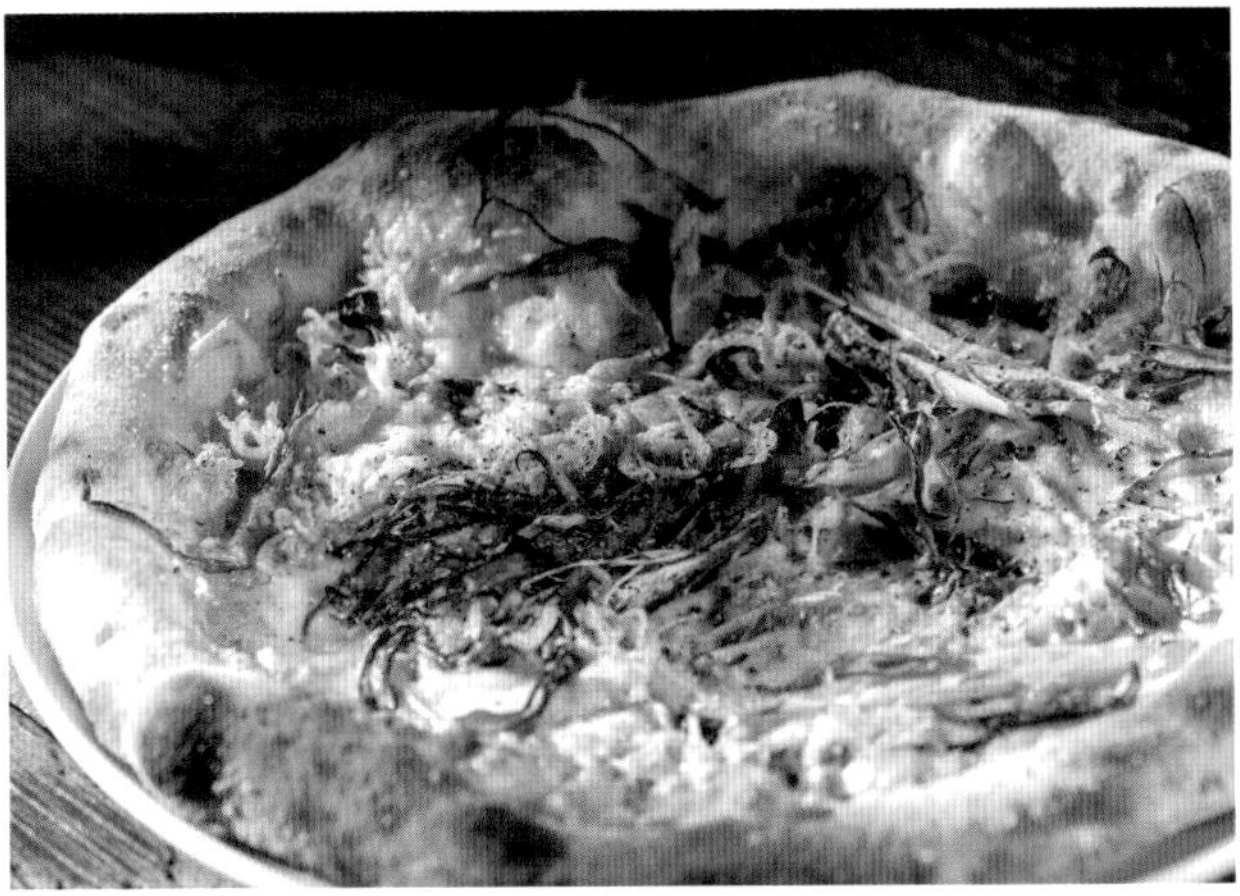

1.湘南で獲れたしらすを使った「湘南釜揚げしらす/九条葱/焦がしバター」のピザ　2.季節ごとに食材の変わるシーズナルデザート。こちらはシャインマスカットとナガノパープルを使った「ぶどうのタルト」

2

代表銘柄アメリカンペールエールをはじめ、常時3種を用意

CHECK

工場直送の鎌倉ビールは出来立ての味わい

Menu

鎌倉ハムステーキ	2,950円
ピザ「湘南釜揚げしらす/九条葱/焦がしバター」	2,400円
フムス	1,200円
鎌倉ビール	M 950円、L 1,350円
シーズナルデザート	980円
YUZU SODA	800円

Data

050-3184-0360
鎌倉市御成町15-46
9:00〜21:00
不定休
なし　テラス席のみ可
禁煙
JR「鎌倉駅」より徒歩約3分

midori cafe 03 鎌倉市

cafe kaeru
［カフェカエル］

一家の想いが詰まった庭園で穏やかな時間を

「できるだけ自然のままの姿を留めるように」との思いで手入れをされた庭園には、様々な草花が季節を謳歌するように葉を伸ばし、花を咲かせている。庭園に設えられた小道を通り、店内へ。木の温もりに溢れた空間は、どこか大人の隠れ家のよう。

　鎌倉の穏やかな空気に惹かれ約半世紀前に東京から移り住んだオーナーの五十嵐哲男さん。リタイアを機に、妻・美江さんが愛情を注ぐ庭園を活かして、多くの人が集まる場所を作れないかと２０１０年にこちらを開いた。

　一番人気の「季節野菜のどんぶり」は、鎌倉野菜や三浦野菜を中心に、オリーブオイルでソテーした旬の野菜をふんだんに味わえる一品。「四季の野菜を通じて、季節を感じていただけたら」と哲男さんは話す。五十嵐さん夫婦と息子さんの妻・はるなさん、一家でつくりだす温もりが、ゆったりと流れる時間を演出している。

1.彩り鮮やかな「季節野菜のどんぶり」。ヘルシーながら満足感のある一品だ　2.優しい笑顔で迎えてくれた五十嵐はるなさん　3.こちらは、リンゴのほど良い酸味が爽やかな「焼きたてアップルパイバニラアイスのせ」

MENU

季節野菜のどんぶり………… 1,700円
グリル野菜とチキンのカレー…… 1,800円
焼きたてアップルパイバニラアイスのせ
…………………………… 800円
北鎌倉石かわ珈琲焙煎豆使用のコーヒー
…………………………… 500円
ジンジャーミルクティー………… 700円

CHECK

自然のままの庭はワンコも歓迎

庭園のテラス席では愛犬もOKなのが嬉しい

DATA

0467-23-1485
鎌倉市二階堂936
11:00〜17:00(LO16:30)
水曜・木曜、不定休あり
あり　テラス席のみ可
禁煙(喫煙スペースあり)
JR「鎌倉駅」よりバス約15分「天神前」より徒歩約2分

midori cafe 04 鎌倉市

海光庵

［カイコウアン］

鎌倉の名刹で過ごす特別なひと時

「花の寺」と呼ばれて鎌倉で親しまれてきた長谷寺。緑に包まれた参道は国籍や老若男女を問わず、多くの参拝者で賑わい、鎌倉の町を一望できる見晴台からは歓声が聴こえてくる。

　境内に建つ「海光庵」はそんな絶景に心ゆくまで浸れるカフェレストラン。大きな窓からは由比ヶ浜から三浦半島までが一望でき、参拝の度に必ず訪れる常連客も多い。

「誰もが親しめる、長谷寺ならではのメニューを」という住職の想いから誕生した「お寺のカレー」は、精進料理の精神に気軽に触れてほしいと、動物性の食材を使っていないのが特徴。炒った大豆からとった出汁に10種のスパイスを加え、深いコクを引き出している。「お一人で、ゆっくりと過ごされるお客様もたくさんいらっしゃいます。お寺の境内だからと構えずに、いつでも気軽にお越しいただけたら」と副店長の白松洸一さんは話す。

1

3

2

1.ゆったりとスペースが取られた店内
2.一番人気の「お寺のカレー」。お肉のような食感の焼きこんにゃくがアクセントに
3.店内奥には寛げるソファ席も用意

MENU

お寺のカレー ……… 1,200円
お寺のパスタ
（大豆ミートのミートソース）
…………………… 1,100円
大吉団子と抹茶のセット
…………………… 900円

CHECK

こちらもぜひ
いただきたい、
名物のお団子

長谷寺名物の「大吉団子」と抹茶のセットもぜひ

DATA

0467-23-8668
鎌倉市長谷3-11-2 長谷寺境内
10:00～16:00（食事LO15:00）
なし
あり　不可
禁煙
江ノ島電鉄「長谷駅」より徒歩約5分

midori cafe 05 鎌倉市

ソラフネ

［ソラフネ］

古民家×マクロビ
心も体も喜ぶ充実時間

　鎌倉駅近くの下馬交差点を東に進むこと徒歩数分。木々に誘われて飛び石を進むと、築百十年を超える古民家へと辿り着く。天井が崩れ蜘蛛の巣が張った状態のこの家と巡り合ったオーナーの笹本麻奈美さんは、大家さんの協力のもと、自らも壁を塗るなどＤＩＹにも勤しみ、２０１１年にカフェ「ソラフネ」として生まれ変わらせた。

　大豆ミートを使ったサクサク、ジューシーな唐揚げは、ご飯が進む味付け。もちもちの玄米も噛めば噛むほどに甘みが広がる。芳しく匂い立つ金木犀、一本の木に紅白の花をつける梅、鮮やかに色づく紅葉…。四季折々の表情を見せる庭を眺めながら、玄米菜食に舌鼓。そんな体にも心にも嬉しいひと時を過ごせる。「病を患った母と一緒にマクロビオティックを習ったことがきっかけで、玄米菜食の魅力に気付かされたんです」と笹本さんはほほ笑む。

1.ヘルシーでありながら、満足感も味わえる一番人気の「大豆たん白の唐揚げ定食」 2.どこか懐かしい、古民家の温もりを感じる店内。造りの凝った欄間にも注目してみよう　3.のんびり寛げる畳のスペースも

MENU

大豆たん白の唐揚げ定食 ……… 1,600円
日替わりケーキ ……… 580円
玄米スコーン ……… 580円
日替わり定食 ……… 1,600円
玄米リセット食 ……… 1,250円

CHECK

こだわりの自家製
スイーツも人気

日替わりケーキ（写真は「抹茶とあんこ」）や玄米スコーンもぜひ

DATA

0467-38-4085
鎌倉市大町2-2-2
11:00〜15:00(LO14:30)
土曜・日曜・祝日
なし　不可
禁煙
JR「鎌倉駅」より徒歩約9分

midori cafe 06 横須賀市

earthen place

［アーセンプレイス］

ドッグランを併設した自然豊かなガーデンカフェ

自然豊かな湘南国際村・子安の里にあるこちらは、広々としたドッグランを擁したカフェ。葉山でレストランを経営していた髙村崇さんは、更地だった600坪のこの土地で、より気軽に利用できるカジュアルなカフェをイメージして2016年にオープン。自らの手で店を建てている時に、ペットの犬を遊ばせるスペースを作ったのが、ドッグランの始まりだそう。来店客のおよそ9割がワンちゃん連れだ。

自家製の塩麹を使ったわっぱ弁当は、体に優しく見た目も鮮やかで、道の駅「葉山ステーション」や「コースカベイサイドストアーズ」など他4店舗でも販売。ドッグランを貸し切って犬同伴でバーベキューも楽しむ姿も。高村さん自身が自家焙煎するこだわりのコーヒーは、店内で味わえるのはもちろん、豆も購入できる。常時10種類ほど味わうことができるコーヒーバーで好みの豆を探すのも楽しい。

1.塩麹漬けは、若鶏・魚・ポークの3種類　2.世界各国から届いた豆を、こちらで焙煎。「父は10年以上にわたって豆の研究を続けてます」と息子で店長の遼馬さん　3.フリードリンクのコーヒーバー。自家製のスイーツと一緒に味わいたい。

CHECK
開放的なドッグランで、愛犬と共に至福のコーヒータイムを

DATA

046-856-9210
横須賀市秋谷3741
9:00-18:00
季節により変更有
定休日なし※臨時休業あり
あり　可
禁煙（喫煙スペースあり）
「逗子IC」より車で15分

MENU

ランチドリンクセット
わっぱ弁当 …… 平日1,870円
…………………… 休日2,035円
プレートランチドリンクセット
（キーマカレー・地元しらす丼・
しらすとバジルのピザ）
…………………… 平日2,200円
…………………… 休日2,365円
スイーツドリンクセット
…………………… 1,232円〜
手ぶらでBBQ …… 大人4,620円
‥ 子ども（小学生以上）2,750円
…… プライベートドックラン3h
ハンドドリップコーヒー
…………… M693円　L803円

Cafe4分休符

[カフェ シブキュウフ]

木漏れ日のさす庭先と大きな丸太のログハウス

厚木市と清川村を結ぶ県道60号を車で走っていると、可愛らしい音符の看板が目を引く。こちらはその名も「ＣＡＦＥ ４分休符」。音楽好きのオーナーが２０１７年にオープンしたカフェだ。季節によって栗拾い体験やブルーベリー摘み取り体験などが行われるほか、演奏会や習い事などのスペースとしても利用されている。

こちらの建物は、海外から取り寄せたアカマツの丸太で組まれている。テーブルは広く、イスもゆったり。カウンターや個室のように仕切られているスペースもあるので、一人でも、家族や友人とでも、思い思いの時間を過ごせるだろう。緑豊かな庭には木漏れ日がさし、鳥のさえずりはまるで音楽のよう。一組限定で利用できるドッグランもあり、愛犬を安心して遊ばせることができる。ドライブの途中でちょっと「４分休符」して、美味しいコーヒーでリフレッシュしよう。

1.店の隣の畑で収穫したブルーベリーを使ったパフェ。チョコレートパフェもある　2.アイスコーヒーはバリ島で収穫された「バリアラビカブレンド」を使用。苦みと酸味のバランスが良く、すっきりとした味わい　3.一組貸し切りのドッグラン（要予約）で、ワンちゃんも大喜び。のんびりとティータイムを

MENU

とろ〜りチーズのナポリタン	940円
パンプディング	720円
ブルーベリーパフェ	950円
4分休符 オリジナルブレンド	570円
生バナナジュース	670円
氷コーヒー牛乳	670円

CHECK
ミーティングやライブなどでの利用も可能（要相談）

DATA

046-280-4926
厚木市飯山354
10:30〜17:30（LO17:00）
火曜、月末水曜
（火曜が祝日の場合は営業、翌日が休み）
P あり　テラス席のみ可
禁煙（喫煙スペースあり）
小田急線「本厚木駅」よりバス約15分
「上千頭」より徒歩約3分

大きな丸太で組んだログハウス。夏はひんやり、冬はぬくもりを感じられる

midori cafe 08 相模原市

カフェレストランShu

［カフェレストラン シュウ］

芸術のまち藤野の爽やかな風を感じながら

多くの芸術家が移り住み、「芸術のまち」と呼ばれる藤野。地元で生まれ育ったオーナーの森久保周一さんは、移住者と地元の人が交流できる場を作りたいと思い、自宅を改装してこの店を作った。店のあちこちにアート作品が置かれ、展示イベントやミュージシャンによるコンサートが開催される日も。

爽やかな風を感じられるテラス席では、鳥たちのさえずりが聴こえてくる。庭に植えた木々はあまり手を入れずに、雑木林の趣を大切にしているという。料理には藤野産の地元食材をふんだんに使用。店の前の畑の採れたて野菜で作るサラダや、玉ねぎを4時間以上かけて炒めたオリジナルチキンカレーは絶品だ。敷地内の燻製器ではサバを燻製しており、地元で評判のパン屋「ス・マートパン」のこだわりの天然酵母パンとワンプレートで提供。藤野の豊かな自然の中で、手間ひまをかけた手作りの料理の数々を堪能できる。

1.自家製の「スモークさばサンド」。野菜もたっぷりいただけるのがうれしい　2.「アジア風そぼろご飯」などの定番メニューのほか、日替わりメニューも　3.近くには相模湖や、木工や陶芸などを楽しめる「藤野芸術の家」がある

Menu

チキンカレー	1,100円
黒米焼きカレー	1,300円
スモークさばサンド	980円
アジア風そぼろご飯	1,000円
キャロットケーキ	600円
梅ジャムソーダ	650円

CHECK

コンセートや展示会情報はホームページをチェック

シックな雰囲気の店内席。ジャズ、クラシック、民族音楽など多彩なライブも開催

Data

042-687-2333
相模原市緑区日連981
11:30〜17:00(LO16:30)
月曜〜木曜(祝日は営業)
あり　テラス席のみ可
禁煙
JR「藤野駅」より徒歩約19分、または車・タクシーで約4分

midori cafe 09 伊勢原市

葉っぱのきもち 森のカフェ

[ハッパノキモチ モリノカフェ]

樹々の緑を窓に映す 隠れ家のようなカフェ

小石の敷かれたアプローチを通り、緑のアーチをくぐり、ドアを開ける。温かみのある電球色で照らされた店内は、物語に出てくる秘密の部屋のよう。こちらの建物はオーナーの佐藤恵子さんの親戚の家をリノベーションしたもの。窓からは四季折々の草花や、冬になれば大山が望める。「レンガの床も、漆喰の壁も、自分たちで手づくりしました。テラス席の窓枠は、京都の古民家から取り寄せた古材を利用しています」と佐藤さん。

料理はキッシュをメインとし地元の野菜をふんだんに使ったワンプレート。定番の「ボロネーゼとじゃがいものキッシュ」「きのことベーコンのキッシュ」のほか、「本日の季節のキッシュ」も選べる。プレートには季節ごとに変わる小鉢やスープものっている。食後には毎日店で焼き上げるケーキもおすすめ。ベイクドチーズケーキはずっしり、しっとり、そして濃厚な味わいだ。

1.彩りも美しい、季節のワンプレート。ドリンク、ケーキとのセットもある　2.一人で本を読んだり、おしゃべりに花を咲かせたり…思い思いの時間を過ごせる店内　3.窓辺の席は人気。バードウォッチングを楽しみに訪れる人もいるという

MENU

季節のワンプレート ････ 1,100円
　〃　ドリンク付 ･･････ 1,400円
　〃　ドリンク、ケーキ付
･･････････････････････ 1,800円
パウンドケーキ ･････････ 500円
ベイクドチーズケーキ
･･････････････････････ 500円
葉っぱのきもちオリジナルコーヒー
･･････････････････････ 380円

CHECK

オーナーのお気に入りの家具や骨董があちこちに

長押に飾られた洋皿。和洋のものが自然に共存し、心地よい空間を創り出す

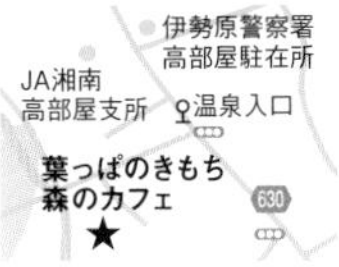

DATA

0463-45-4474
伊勢原市西富岡1067
11:00～17:00
火曜、水曜
あり　不可
禁煙
小田急線「伊勢原駅」よりバス約11分
「温泉入口」より徒歩約2分

足を延ばして
ショートトリップ①
大山阿夫利神社
short trip

感嘆の声が上がる、「茶寮 石尊」からの風景

美しい風景を望むカフェが参拝のきっかけに

short trip 10 伊勢原市

茶寮 石尊

［サリョウ セキソン］

江戸時代、庶民の信仰と行楽の地として賑わいを見せた大山。都心から2時間ほどのこの場所には現在も多くの人が訪れている。

大山詣りの中心となったのが、大山阿夫利《あふり》神社だ。2200年以上前に創建され、関東総鎮護の霊山として人々に寄り添い続けてきた。その下社に2019年に造られたのが「茶寮 石尊」である。神社という存在が、人々にとって馴染みが薄くなっている現代で、より身近に感じてもらえればという思いで造られた。店内は三重構造になっていて、相模湾、江の島、房総半島を見渡すテラス席は「明日・未来」、店内のテーブル席は語らいをする「現在」、そして神社の中心部に近い奥の座敷席は「歴史・過去」をテーマにしている。「天候や座る場所によって景色の見え方も変わります。一期一会の風景を楽しんでいただければ」と阿夫利神社広報の目黒久仁彦さんは話す。

一期一会の景色に出合う

参道散策も楽しもう

1.大山ケーブルカーの発車駅「大山ケーブル（山麓駅）」から「阿夫利神社（山頂駅）」までは、眼下の山並みを眺めて6分ほど

3.「茶寮 石尊」のテーブル席からは絵画のような風景を楽しむことができる　4.奥の座敷席はより神聖さを感じさせる心落ち着く空間

2.ケーブルカーで上って行くと、相模湾を見渡す絶景が現れる

5.「升ティラミス」（800円）はまろやかなクリームチーズと深みのある抹茶の味わいが人気　6.ミネラル豊富で甘みのある御神水で淹れたコーヒー（650円）

7.大山詣りの主要参拝場所である下社。大山祇大神、大雷神、高龗神の三柱を祀っている。最後にぜひ手を合わせたい

DATA

[茶寮 石尊]

0463-94-3628

伊勢原市大山12

10:00～ケーブルカー終了30分前

不定休　ありテラス席のみ可　禁煙

小田急線「伊勢原駅」よりバス約25分「大山ケーブル」下車、徒歩15分「大山ケーブル駅」より「阿夫利神社駅」

CHAPTER 2

都会で出合う森カフェ

都会の喧騒の中にも、ふと静かな空間が現れる。
緑に囲まれたその場所は、
私たちを非日常へと連れて行ってくれるだろう。

mori cafe 11 都筑区

Fresco［フレスコ］

自然の音をBGMに本格イタリアンを味わう

横浜市営地下鉄ブルーラインの駅「仲町台」を降り、駅前の通りを歩いていくと、「Fresco」の文字が見えてくる。今回はその都会的なエントランスではなく、その横の「せせらぎ公園」の入口から歩を進めよう。真夏の強い日差しをも遮る、竹林の小径。笹鳴りの音が心地よい。この公園は、地域の人々にとって、無くてはならない場所。園内を縦断している「せきれいの道」は、通勤や買い物などで日常的に通る人も多い。また、賑やかな公園とは違い、風の音、虫の声をBGMに読書をしたり、お喋りをしたり、癒しを求め人々が通っている。

そんな公園内に佇むのが、イタリア料理店「Fresco」だ。テラスはもちろん、全面窓の店内でも、まるで公園の中にいるような雰囲気を味わうことができる。この景色を眺めながら、ゆったりとした時間を過ごすことができる、特別な場所だ。

公園との一体感のあるテラス席。子どもやペットを連れた人々にも人気

「Fresco」とは、イタリア語で「Fresh」の意味。食材の新鮮さにこだわり、都筑区内を中心とした地場野菜を毎朝仕入れている。「野菜は採った瞬間から水分が減っていきます。そのため、なるべく輸送時間の少ない新鮮な野菜を仕入れるようにしています」と店長は話す。その日の仕入れから、食材の特徴を活かすメニューを考えるため、メニューは日々変わる。誕生日はもちろん、母の日や結婚記念日など、三世代揃う記念日の利用も多いため、様々な世代が食べやすい味や調理法にこだわる。「奇をてらったメニューではなく、ご家族で安心して通っていただける味わいになるようにしています」と店長。赤身と霜降りのバランスの良い宮崎牛A5ランクのシンタマ（もも肉）やヘルシーながらもジューシーな美桜《みおう》鶏《どり》のローストなど素材にこだわり、シンプルに、その美味しさを最大限活かす調理法で提供している。

　パスタはどれも自家製の生パスタ。公園の豊かな緑に触れながら、本格的なイタリアンを味わうことができる貴重な一軒である。

1

1. 自家製生パスタと新鮮な地場野菜を味わえる「都築野菜のオルトナーラ菜園風」(1,580円)
2.「宮崎牛シンタマのロースト」(3,800円)
3. 公園内にはカモがのんびりと散歩していることも　4. 竹林や池、古民家もあり見どころも多い

4

2

3

CHECK

園内の散策後、明るい時間からのワインとパスタは最高です！

MENU

Pasta Lunch	1,800円
Meat Lunch	2,300円
ディナーコース	4,500円
おまかせ前菜5種類盛り合わせ	1,480円
グラスワイン	750円～

DATA

045-949-3050
横浜市都筑区仲町台1-33-31
11:30～15:30(LO14:30)
(土・日・祝11:00～)、
17:30～22:00(LO21:00)
休 火曜
P なし　テラス席のみ可
禁煙(喫煙スペースあり)
横浜市営地下鉄「仲町台駅」より徒歩約3分

mori cafe 12 中区

Cafe the Rose

[カフェ ザ ローズ]

洋館×バラ 非日常の世界に誘う

横浜を代表する観光地「港の見える丘公園」。そこには、約330種、1,950株のバラが咲き誇るローズガーデンがある。その園内には横浜市指定文化財である二つの洋館が佇む。その一つ、「山手111番館」にあるのが「Cafe the Rose」。大正15年（1926）にアメリカ人ラフィン氏の住宅として建てられたこの洋館。現在カフェとなっているローズガーデンに面した地下一階部分は、かつて使用人部屋として使われていたという。

昭和初期の洋館で味わいたいのが、バラの香りや風味を感じる紅茶やソフトクリーム。芳醇なバラの香りが非日常へと誘う。「気持ちをリセットしたり、エネルギーチャージをと訪れてくださる常連さんもいらっしゃいます。この場所には日常の嫌なことや生活を忘れさせてくれる不思議な魅力があります」とオーナーの清川敬子さん。日常から解放される、洋館とバラの世界へトリップしてみては。

1.肉や野菜がたっぷりの「ビーフシチュー（パン、サラダ、ドリンク付）」（1,700円） 2.店内の席からも庭を眺めることができる 3.国産無添加のローズペーストを使用しているため、優しい色合いと香りの「ワッフルソフト」（ドリンクセット1,200円）。香りが強いものが苦手な人も食べやすい

MENU

ハンバーグ
（パン、ドリンク付）
………… 1,500円
クロワッサンサンド
（ハムチーズ）
ドリンクセット
………… 1,350円
本日のケーキドリンク
セット …… 1,200円
オリジナルローズティー
…………… 700円
ソフトクリーム
ローズ・ミルク・ミックス
（テイクアウト）
………… 各500円

CHECK
茶葉を購入することも可能。自宅で優雅な時間を過ごしたい。

ヴェルサイユ宮殿の王の農園で育てられた林檎と薔薇で香り付けた「NINA'S マリーアントワネット」（900円）

DATA

045-622-3332
横浜市中区山手町111番地
山手111番館内地階
10:00～ 17:00（LO:16:30）
第2水曜（祝日の場合は翌木曜）
なし　テラス席のみ可
禁煙
みなとみらい線「元町・中華街駅」より
徒歩約8分

Cafe Piccolo
［カフェ ピッコロ］

山のガーデンを望む
秘密の隠れ家のようなカフェ

　迷路のような住宅街の一番奥「Cafe Piccolo」の看板の先を歩いていくと、目の前に木々が生い茂った山が現れる。「この景色に惹かれてこの家を購入したんです」と話すのはオーナーの長坂豊さん。エンジニアとして働いていたが、２０２１年、この店をオープンした。「カフェのあるこの部屋から毎日朝日が昇る風景を見ていたら、この山を眺めるカフェが出来たらと思うようになりました」と話す。

　長年手を入れてきた山のガーデンは現在も進化中。散歩道を作り、２カ所にテラスを増築した。食後にテラスで絵を描いたり本を読んだり、１、２時間のんびりと過ごす人もいるという。「山の方を向いてぼーっとしていると横浜でないような気がしてきます。ちょっとした非日常を味わっていただきたいですね」とオーナーは微笑む。山には手作りの妖精たちも隠れているのでぜひ探してみてほしい。

1.「TOAST neighborhood bakery」の食パンを使用した「厚切りバタートースト」（400円）。ハンドドリップで淹れたコーヒーとともに味わいたい　2.山の中腹と山頂近くに自ら制作したテラスは非日常を味わえる　3.自作のフェアリーツリーは店のランドマーク。夜になると灯りがともる

MENU

コーヒー	500円
カフェオレ	600円
固めプリン	450円
チーズテリーヌ	500円
自家製アイス	500円

CHECK

「横濱増田窯」のカップで味わうコーヒーは格別！

今は閉鎖してしまった貴重な「横濱増田窯」のコレクション

DATA

090-7182-1104
横浜市中区本牧満坂243-4
木・金 12:00〜17:00、
土・日 9:00〜17:00
休 月〜水曜
P なし　テラス席のみ可
禁煙
JR「山手駅」から徒歩約17分
「本牧1丁目」バス停から徒歩約12分

mori cafe 14 中区

花Lab.Nocturne 横浜元町店

［ハナラボ　ノクターン］

花屋×カフェ
生花が生む居心地の良さ

元町ショッピングストリートと並行する元町仲通りは、個性的なものづくりにこだわる店舗が並んでいる通称「クラフトマンシップ・ストリート」。その一角に2021年にオープンした「花Lab.Nocturne」は、お花屋さんとカフェが一体となった新しい業態のカフェだ。一階の入口をくぐると、そこは街のお花屋さん。生花が並び、スタッフがアレンジメントを制作している。ドライフラワーが飾られた吹き抜けの階段を上って行くと、そこにはアーティシャルフラワーのシンボルツリーが目を引く大テーブル。そして各テーブルにも季節の生花が活けられている。「生花があることで、居心地良く、気持ちの良い空間が生まれます。お花を買いに来てカフェに寄る。カフェに食事に来て、テーブルに飾ってあった花を買って帰る。そんな風に日常的にお花を楽しんでもらえたらと思っています」と代表の野々村拓さんは微笑む。

MENU

自家製ミートソースと
じゃがいものラザニア
…………1,430円

本日のキッシュ
…………1,210円

苺のミルフィーユ
…………770円

キャロットケーキ
…………770円

エチオピア
イルガチェフェ コチェレ
（コーヒー）
…………630円

1.「花lab.」ならではの大人のクリームソーダは4種類用意。写真は「バタフライピーのクリームソーダ」（750円） 2.長時間かけて煮込んだ「とろける和牛スジとふわとろ卵のオムハヤシ」（1,430円） 3.1階の花屋では、ダイニングブーケなど日常使いのアレンジメントからブライダルブーケまで幅広く対応している

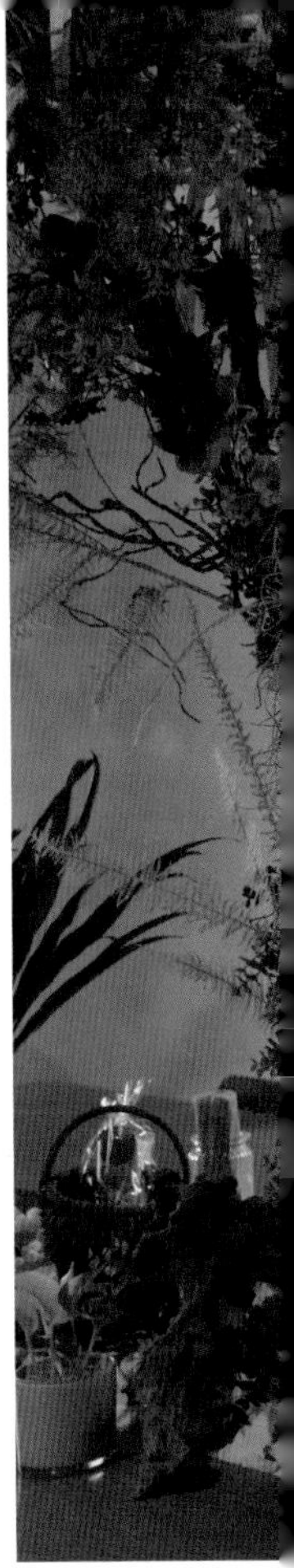

CHECK

店内で生地から作っている本日のキッシュもおすすめ

見た目だけでなく味にもこだわり、シェフが一から手作りしている

DATA

045-225-8233
横浜市中区元町2-93 ZALETTA元町Ⅱ
11:00〜19:00
土・日・祝10:00〜19:00
不定休
なし　可
禁煙
みなとみらい線「元町・中華街駅」より徒歩約3分

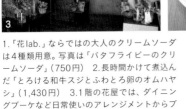

mori cafe 15 中区

Café Elliott Avenue

[カフェ エリオット アベニュー]

シアトルと日本を繋ぐ究極の一杯

アメリカ西海岸のシアトルにあるカフェ「エスプレッソ・ビバーチェ」。オーナーのデビッド・ショマー氏が焙煎する豆は全米でも高く評価され、世界中のバリスタが訪れる名店だ。そのデビッド氏に日本人で初めて師事したのが「Café Elliott Avenue」のオーナー波多純子さんだ。「彼のコーヒーを飲んだら、それまでの概念が変わりました。苦味だけでないまろやかな甘みや深みに魅了されたんです」

バーテンダーでもある夫の輿石賢吾さんもデビッド氏に認められ師事。その後、2010年にこの店をオープンした。世界で唯一許可され、「エスプレッソ・ビバーチェ」の豆を空輸で仕入れている。「銀杏並木の美しい山下公園通りですが、山下公園に係留している氷川丸はかつてシアトルと日本を繋いでいました。そんな縁のある場所でカフェができることに喜びを感じています」と賢吾さん。二人のバリスタが淹れる究極の一杯を味わって。

1.エスプレッソを使ったスイーツも人気。小豆の甘さをエスプレッソの苦味が引き締める、癖になる味わいの「エスプレッソ ぜんざい」（820円） 2.天井の高い店内。奥にはカウンター席やソファー席もある

MENU

カフェラテ（エスプレッソ・ビバーチェ）…… 920円
カフェアメリカーノ（エスプレッソ・ビバーチェ）…… 850円
カフェアメリカーノ（国内焙煎）…… 700円
シアトルドッグ…… 850円
ラミントン…… 530円

CHECK

バリスタが生み出すラテアートは見逃せない

きめ細かくふわっとしたクレマの味わい、そしてそこに描くラテアートに魅了される

DATA

045-664-5757
横浜市中区山下町18 横浜人形の家1F
11:00〜18:00
月曜（祝日の場合は翌平日）
なし　テラス席のみ可
禁煙
みなとみらい線「元町・中華街駅」より徒歩約3分

mori cafe 16 神奈川区

Phlox local market 台町店

［フロックスローカルマーケット］

横浜駅そばにある 地域に根差した憩いの場

横浜から東白楽まで繋がる「東横フラワー緑道」。かつて東急東横線の線路があったこの場所は今、自然豊かな地域の憩いの場となっている。その緑道の横浜駅側の入口に、緑に囲まれるように佇むのが「フロックスローカル マーケット」だ。2020年に上大岡の人気パン店「ブーランジェリー オンニ」のパンの販売から始まったこの店は、お客の声を受けながら現在の形へと変化していった。「『ここで食べていきたい』という声に応える形で椅子を置いて、そのうちにお酒やカレーも出すようになって、今のようなカフェになりました」と話すのは店長の竹屋美咲さん。「横浜駅からすぐなのに、この地域は下町のような人付き合いが残っています。毎日犬の散歩で店の前を通る人とか、顔なじみも増えました。そんな地域に根差したカフェであり続けたいと思っています」と竹屋さんは笑顔を見せる。

1.横浜の老舗鶏肉専門店「梅や」から仕入れた鶏肉を一晩煮込み、次の日にさらに鶏肉を追加。玉ねぎ、トマトやキノコの水分のみで煮込んだ「無水手羽元カレー×季節のご飯」（800円） 2.ウッドデッキの席と奥にはソファースペースも 3.ハワイのコナビールやコエドビールなど、瓶ビールを豊富にそろえる

MENU

焼きチーズカレー ············ 1,000円
唐揚げプレート ············ 800円
大人のための お子様ランチ ············ 800円
前菜の盛り合わせ ············ 800円
コーヒー ···· 500円
瓶ビール ·· 700円～

CHECK

テイクアウトも可能なパンは20種類ほどを用意

DATA

045-595-9589
横浜市神奈川区台町6-5
11:00～21:00(LO20:30)、火曜～14:30(LO14:00)
休 水曜
P なし　犬 可
喫煙
JR「横浜駅」から徒歩約5分

横浜の人気パン店のランキングにも登場する「ブーランジェリー オンニ」

杜cafe & bakery

[モリカフェ アンド ベーカリー]

2

1

1.「緑が身近にある暮らし」を提案する「草のよしだや」がデザインを手がけた「なかよしガーデン」　2.「なかよしガーデン」に面したワンちゃんもOKのテラス席

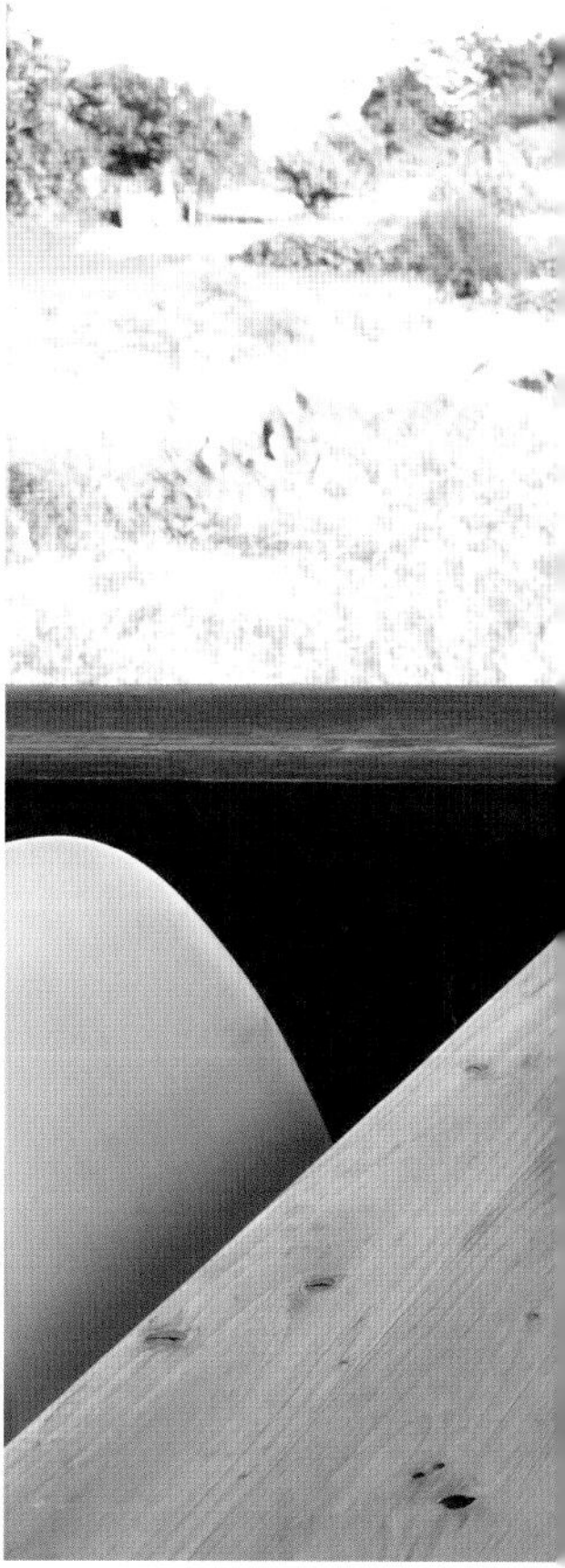

3.熟成もも肉とむね肉の両方が食べられる贅沢な「Wチキンランチ」(1,980円)
4.たっぷりの野菜とキヌア、鶏むね肉のハムをのせた「キヌアと熟成チキンのサラダランチ」(1,690円)

畑の先に茂る杜
景色がごちそうになるカフェ

保土ヶ谷バイパスの「下川井」ＩＣを降り、住宅街を進むと、坂の上に田園風景が広がる。その一角に木々が茂った庭を備えた木造の建物がある。車を降り入口に進むと、「なかよしガーデン」の看板が目に入る。店内はまるで家のような落ち着いた空間。テラス席に座れば、目の前に畑が広がる。避暑地を訪れたかのような風景は、ここが横浜であることを忘れさせる。「11時から閉店までいらっしゃるお客様もいるんですよ。この景色を眺めながらのんびりと非日常を味わっていただけているのかなと嬉しく思います」と広報を担当する高足静さんは微笑む。

このカフェを運営するのは、木を使った注文住宅とリノベーションを手掛ける株式会社中山建設。暮らしの提案をする〝ショーホーム〟として２０１８年にオープンした。「身近な景色がごちそうになる」。そんなことを実感させてくれる場所だ。

心地よい風を感じるテラス席。目の前に広がる田畑は季節によって表情を変える

この景色を目にしながら味わいたいのが、野菜たっぷりのランチだ。料理研究家・フードサイコロジストである深澤大輝氏がプロデュースしたメニューは、素材の良さを活かす体に優しい料理をコンセプトに、視覚的にも楽しめる色とりどりの野菜がたっぷり使用されている。市場から直送された新鮮な野菜を火がギリギリ通らない50度ほどのお湯で洗うことで野菜の酵素が活性化し、野菜本来の味を味わうことができるという。また、酵素の力でもちもちした食感が楽しめる発酵玄米を使用。自家製の天然酵母を使用した甘みのあるパンもあり、「風景も食事も、体に悪いものは何もない」というカフェを実現した。

キッチンカーのイベントやマルシェ、子ども向けの建築の仕事体験のイベントを開催するなど、地域の交流の場にもなっている「杜カフェ&ベーカリー」。「講座や料理教室など、レンタルスペースとしても利用していただけます。身近な場所で、この風景をごちそうに、寛ぎの場として利用していただければと思っています」と高足さんは話す。

1.2階の靴を脱いで過ごす座敷席は赤ちゃん連れなどにも好評だ　2.絵本や料理、建築関係などの本が並び、自由に読書も可能

MENU

カレー2種盛りランチ	1,600円
デザート盛り合わせ	605円
アメリカンコーヒー	473円
有機栽培紅茶	473円

CHECK

自家製天然酵母のパンは優しい甘みが特徴

お店のプロデュースを手掛けた深澤大輝さんの実家はパン屋。その店から受け継いだ天然酵母を使用した甘みのあるパンが人気

DATA

080-1014-4455
横浜市旭区下川井町2149-6
11:00〜15:00
休 月曜・火曜・水曜
P あり　一部テラス席のみ可
禁煙
JR横浜線「中山駅」から
バス「川井宿」より徒歩約8分

mori cafe 18 保土ヶ谷区

CAFE CUE

［カフェ キュー］

公園のように人々が集う地域の食堂を目指したカフェ

高校野球の名勝負の舞台となってきた野球場をはじめ、テニスコートやラグビー場などを備える保土ヶ谷公園。梅園や桜・銀杏並木など、一年を通して楽しむことができる場所だ。その公園内に佇むのが「CAFE CUE」。広々としたテラスには犬連れが集う。しかし、ここの魅力は自然だけではない。フレンチイタリアンをベースにしたこだわりの料理を求め、多くの人々が足を運ぶ。「ファミリーレストランのような気軽さを目指したい」と話す店長。「背伸びしたメニューではなく、老若男女誰が食べても美味しいと感じてもらえる〝洋食〟をリーズナブルに楽しんでいただきたいと思っています」

オープンからもうすぐ6年。地元以外の人の来店も増えている。「公園を訪れる方とともに過ごし5年が経ちました。いつまでも食堂のように気軽にご来店いただければ嬉しいですね」と店長は話す。

1

MENU

週替わりランチ ……… 1,100円〜
マルゲリータ ……… 1,100円
生ハムとサラダのビスマルク風ピッツァ ……… 1,210円
自家製ボロネーゼ ……… 1,100円
ロコモコボウル ……… 1,210円
コーヒー ……… 440円

3

2

1.テラス席で味わいたい、人気の「CUEハンバーガー」(1,100円)。公園の中のカフェのため、体を動かした後でも満足感があるようメニューはボリューム満点　2・3.80年代のMTVに出てくるような内装「どこか懐かしい、海外のような雰囲気を表現しました」と店長

CHECK

フレンチやイタリアンの入口として手間暇かけた一品も手軽な価格で

長時間煮込んだ「豚バラ肉のビール煮」(1,540円)とホットワイン(660円)

DATA

045-442-7722
横浜市保土ヶ谷区花見台4-2(保土ヶ谷公園内)
10:00〜21:00(LO20:30)
不定休
なし(保土ヶ谷公園の駐車場利用)
テラス席のみ可
禁煙
相鉄線「星川駅」よりバス約6分
バス停「保土ヶ谷野球場前」より徒歩約1分

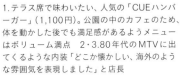

菌カフェ753

［キンカフェ ナナゴーサン］

ぬくもり感じる古民家で発酵料理を味わう

東京・都立大学で日本料理店を営む辻一毅《かずき》さんがこの場所に出会ったのは、約15年前、常連客とともに近くの畑で野菜作りを始めたことがきっかけだった。「店で使う野菜がどのように育てられるのか、何事も実際にやってみないと農家さんの苦労も気持ちもわからないと思ったんです」と話す。辻さんの探究心は留まることを知らず、醤油や味噌、お酒など発酵についても学び、２０１６年に古民家を改装して「菌カフェ７５３」をオープン。現在、野菜は地元の無農薬のものを仕入れ、自家製の醤油や味噌を使用している。漢方薬膳の資格を持つ辻さん。看板メニューの「一汁五菜」は、「五行・五味（※）」を意識し、一汁五菜全てに発酵食品を使用する。

風が窓ガラスを揺らす音や振り子時計の音に、まるでおばあちゃんの家を訪れたような感覚になる。食卓のようなテーブルを囲み、あたたかな時間を過ごしたい。

※五行＝木、火、土、金、水、・五味＝酸味、苦味、甘味、辛味、塩辛味

1

3

2

1.「一汁五菜」や「一汁三菜」にお肉・お魚料理（各369円）、麻婆豆腐（666円）なども追加できる　2.窓辺のカウンター席。庭には樹齢100年近い桜の木が植わっているため、お花見の時季も人気　3.店内奥の席。振り子時計の音が郷愁を誘う。長居してしまいたくなる落ち着いた空間（写真1・4提供：菌カフェ753）

MENU

発酵薬膳カレー	828円
一汁五菜	1,139円
一汁三菜	828円
甘酒青唐辛子の白味噌マーボー豆腐	828円
菌クリ（ソフトクリーム）	369円
菌パフェ	1,506円

CHECK

甘酒やヨーグルトドリンクなど、発酵ドリンクも充実

4

自家製の甘酒や古代米ヨーグルトドリンクなど、発酵ドリンクは40種類近く揃う

DATA

045-935-7531
横浜市緑区中山町21-10
11:00〜16:00
不定休
あり（事前予約）　テラス席のみ可
禁煙
JR・横浜市営地下鉄「中山駅」より徒歩約8分

緑山ハーブガーデン ナチュラパス

[ミドリヤマハーブガーデン ナチュラパス]

人々を癒す
自然のままの風景

２両編成のこどもの国線に揺られ「こどもの国駅」に降り立つと、小鳥のさえずりが多いことに気づく。水の流れや笹鳴りも聞こえてくる。そしてしばらく行くと目の前に黄金色の稲穂が広がる——。横浜市内とは思えない風景が広がるのは、青葉区奈良町。市内でも有数の自然が残された地域である。

ここに知る人ぞ知るカフェがある。オーナーの野川進さんがハーブに魅せられ、１９９８年に開業した。敷地内には１５０種類以上のハーブや果樹、山野草が植えられている。緑のトンネルを抜け奥の喫茶スペースへ。そこからの景色は圧巻だ。散策も出来るハーブガーデンの奥には豊かに生い茂る山を望む。「自然のままを大切にしています。『田舎を思い出す』と仰るお客様もいるんですよ」と娘の齋藤美由紀さんは微笑む。ケーキやドリンクには、ここで採れた果樹を使用している。四季折々の恵みを味わいたい。

1. エントランスから続く緑のトンネルは自然に包まれる感覚になる。途中にキウイが生っている愛らしい姿を見ることができる
2. 庭に生る完熟の果樹を使用したケーキやドリンク、オリジナルのハーブティーが人気　3. 庭には野鳥も多く訪れる。狸などの動物を目にすることも。

MENU

季節のタルト…… 540円
果実のチーズケーキ……………… 500円
ドリンク・ケーキセット……………… 800円～
フレッシュハーブティー……………… 400円
ブレンドアイスティー……………… 450円
レッドアイスティー……………… 500円

CHECK

入口では自家製の酵母を使用した無添加のパンの販売も

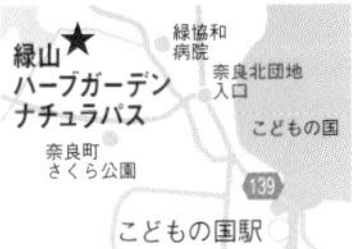

DATA

045-962-1683
横浜市青葉区奈良町1734-2
9:30～夕暮れ時
休 不定期休園日あり
(HPまたはInstagramをご確認ください)
P あり　可
禁煙
東急こどもの国線「こどもの国駅」より徒歩約20分

ハーブや、柚子やブルーベリーなどの果樹から作る季節ごとの天然酵母を使用したパンも人気

mori cafe 21 金沢区

カフェ金澤園
［カフェカナザワエン］

1. 重厚な日本家屋。広い玄関が旅館の面影を伝える　2. 建物の右手にあるテラス席はペットもOK。散歩帰りにも立ち寄りたい

3

4

3.玄関に掲げられた「海軍航空技術廠支廠指定旅館」の看板が歴史を伝えている　4.色ガラスが美しい大浴場もそのままの姿で残されている

文人墨客が磯で遊んだ往時をしのぶ建造物

横浜で唯一海水浴場を備える公園である「海の公園」。昭和30年代以降の埋め立て事業により失われた、市民の憩いの場だった海辺を取り戻そうと造られた。現在は、春先には潮干狩り、夏には海水浴客で賑わいを見せる。

そこから住宅街を6分ほど歩くと、歴史を感じさせる建物が現れる。国登録有形文化財に指定されている「金澤園」だ。大正5年（1916）にかつての横浜（現在の桜木町）で開業した料亭満月が、移転先に選んだのが花屋のお花畑として利用していた、この金沢の地だった。昭和4年（1929）、東京品川にあった建物を解体移築。当時はここまで海岸線が延びていたため船で資材を運び込んだ。そして高浜虚子や与謝野晶子といった文人墨客が訪れる風光明媚な料亭として名をはせるようになる。旅人は、ここで潮干狩りや海水浴、遊覧船やボート、釣り堀といった娯楽を楽しんでいたという。

2階の個室は予約可能。赤ちゃん連れや家族との食事などで利用したい

創業１００周年を迎えた２０１６年に料亭としての営業を終え、現在はカフェとして多くの人々の憩いの場となっている「カフェ金澤園」。「料亭の頃は完全予約制でしたが、もっと色々な人に気軽に来てもらえる場所にしたいと思いカフェにすることを決めました」と4代目の斎田さんは話す。「一度壊してしまったらもう一度造ることは難しい。時代に応じて形態は変化していかなければなりませんが、この建物は残していかなければならないと思っています」

かつて磯遊びの場となっていた庭は、現在は梅や桜の花見、新緑、紅葉と四季折々の風景で訪れる人を楽しませる。2階の大広間からは庭の木々や金沢の街並みを見渡すことができ、その風景を眺めていると、時間が経つのを忘れてしまう。

モーニングからランチ、カフェと様々な使い方ができる。「赤ちゃん連れやワンちゃん連れ、90歳の年配の方まで、この地域で心豊かに過ごす、その一つのピースになれたらと思っています」と斎田さんは優しく微笑む。

1

1.1階は椅子席。犬好きの斎田さん。愛犬のイラストが出迎えてくれる　2.「チーズオムレツ」（1,650円）　3.北海道バターや奄美の砂糖など、素材にもこだわったバナナタルト。海軍の指定旅館だった歴史から、コーヒーは広島県呉市「昴珈琲」の「海軍さんのコーヒー」を使用

CHECK

他県ではなかなか味わえない「昴珈琲」のコーヒーとともに

3

2

MENU

モーニングセット	1,000円
オムレツ デミグラスソース（パン、ポテト、ドリンク付き）	1,650円
キッズメニュー	880円
コーヒー	660円
紅茶	660円
お抹茶セット	1,100円

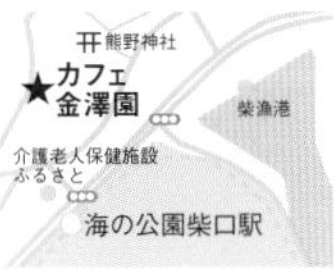

DATA

045-701-8664
横浜市金沢区柴町46
10:30～15:00（LO14:30）、土・日・祝8:30～16:00（LO15:30）
休 火曜・水曜
P あり　テラス席のみ可
禁煙
シーサイドライン「海の公園柴口駅」より徒歩約5分

mori cafe
22
金沢区

kino-COCOCHI YOKOHAMA

[キノココチ ヨコハマ]

大人も子どもも心地よい木に包まれる空間

横浜の台所として、全国から届く青果や水産物、花、日用雑貨を扱う総合市場「横浜南部市場」。2019年には、横浜スタジアムの約6倍の面積を誇る場内の¼のスペースに「食」をコンセプトとした施設をオープン。市民や観光客が買い物や食事を楽しんでいる。

その横浜南部市場にあるのが「kino-COCOCHI YOKOHAMA」だ。ガラス張りの店内からは、子どもたちが遊ぶ芝生広場、そしてその奥には海を眺めることができる。「家族に優しい家づくり」をコンセプトにする建築会社が運営しているため、店内には豊富に木材が使用され、大きなシンボルツリーの周りにはキッズスペースも用意。「オーダーメイドの家具も販売しています。ライフスタイルを想像しながら、カフェで実際に座って食事をしていただけたらと思っています」と責任者の北島美佳さん。親も子どもも心地よい時間を過ごすことができるカフェだ。

1.キッズスペースで遊ぶ子どもを見守りながら大人はゆっくり食事を楽しめる　2.スイーツも全て手作り「ふんわりとろける シフォンケーキ」(550円)　3.市場に隣接しているため、生鮮食品は当日の朝仕入れたものを使用している。人気の「10品目のCOCOCHIランチプレート」(1,868円)

MENU

シグネチャーミートスパゲッティ ･･･ 1,680円
ハーブチキンロースト
　香草焦がしバターソース ･･･････ 1,868円
スペシャル キッズプレート(サラダバー付き)
･･････････････････････････････ 880円
ニューヨーク チーズケーキ ･････････ 770円
ティーソーダ ･････････････････････ 660円

CHECK

健康を意識した種類豊富なサラダバー

市場で仕入れた新鮮な野菜を豊富に揃える。ドレッシングも手作りなのが嬉しい

DATA

045-752-9646
横浜市金沢区鳥浜町1-1
ブランチ横浜南部市場 1F
10:00〜17:00(LO16:30)、
土日祝 9:00〜19:30(LO19:00)
不定休
あり(BRANCH横浜施設内駐車場(有料))
テラス席のみ可　禁煙
金沢シーサイドライン「南部市場駅」より
徒歩約2分

mori cafe 23 川崎市

cafe do Shuro

［カフェ・ド・シュロ］

自家焙煎のコーヒー片手に豊かな時を過ごす

小田急線「読売ランド前駅」北口を抜け、信号を渡ると木製の案内板が目に入る。その案内通りに大通りから一本路地を入ると…突如現れるシュロの木と蔦が茂った白い外観の建物。その背後には緑豊かな山が見える。「カフェ・ド・シュロ」と名付けられたその店の入口横には年季の入った焙煎機。ガラガラと引き戸を開けると、香ばしく芳醇な香りが漂う。2階に上がると、本棚や重厚なスピーカーが置かれた、落ち着いた空間が広がっている。「地元であるこの地域に貢献したいというオーナーの思いもあり、川崎の郷土史などの本も多く揃っています。本を片手にゆっくり過ごされる方もいるんですよ」と長年この店に勤める岸山仁美さんは微笑む。

裏山は多摩自然遊歩道になっており、散策の帰りに立ち寄る人も多いという。自家焙煎の香り豊かなコーヒーを片手に、思い思いの時間を過ごすことができる憩いの場だ。

1.ソファ席や窓に面したカウンター席など、用途に応じて楽しみたい 2.ピアノのあるイベントスペースもあり音楽会なども開催されている 3.パティシエ特製のケーキとコーヒーのセットが一番人気

MENU

シュロ特製ドリアセット‥‥‥ 1,700円
シュロ特製カレーセット ‥‥ 1,700円
ピザセット‥‥‥‥‥‥‥‥‥ 1,700円
カフェ、テ（珈琲、紅茶）‥‥‥ 各700円
カフェグラッセ（冷たい珈琲）
‥‥‥‥‥‥‥‥‥‥‥‥‥ 750円
レモンスカッシュ‥‥‥‥‥‥ 800円

CHECK

オーナーが焙煎するコーヒーは香り豊か

先代の焙煎所から50年以上使われている焙煎機。コロンビア、ブラジル、ケニアの豆をブレンドしすっきりとした味わいに

DATA

044-953-5436
川崎市多摩区西生田1-20-1
10:00～18:00（LO17:00）
火曜
あり　テラス・1階席のみ可
禁煙
小田急線「読売ランド前駅」より徒歩約1分

ちょっと贅沢に

緑の中で味わうフレンチ

french restaurant
24
都筑区

むくの実亭

［ムクノミテイ］

1.窓からは風に揺れる竹の姿を眺めることができる　2.店内に飾られた書が和の趣を感じさせる　3.旬の食材を活かした前菜。やさしい味わいが年配者にも好評だ

日本の四季を感じる風景とフレンチを

非日常の空間でちょっと贅沢な時間を過ごしたい。そんな時は都会の緑豊かな場所にあるフレンチレストランを訪れてみてはいかがだろう。一軒目は横浜市都筑区の竹林に佇むフレンチレストラン「むくの実亭」。和の趣を感じさせる洋館の窓に映る青々とした竹の姿が異世界へと誘う。

六本木のフレンチレストランで修業したオーナーシェフの吉澤修一さんが1988年に開業。「オーベルジュのような一軒家レストランを」という思いで探したのがこの地だった。料理は和の食材を使用したお箸で食べるフレンチ。春先には竹林で採れた筍を筍ご飯やソテーとして味わうことができる。「冬になると笹が全て落ちて、風景は一変します。そこから少しずつ青くなっていく。裏山には紫陽花も咲いていて、四季を感じられるのがこの場所の魅力です」と吉澤さん。日本の四季を感じる風景とフレンチを味わいたい。

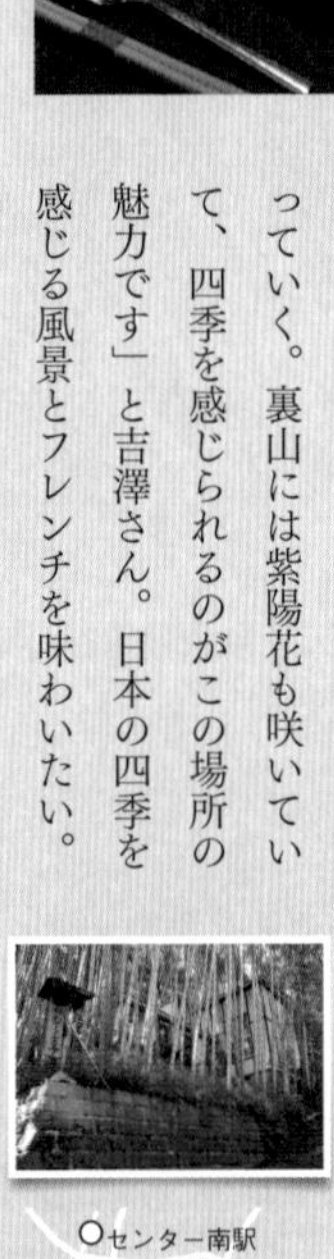

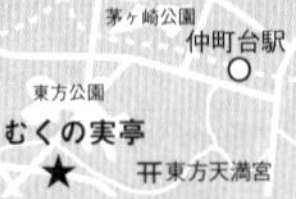

DATA

045-942-2730

横浜市都筑区池辺町2072

11:30～15:00(LO13:30)、17:30～21:00(LO19:30)

休 月曜(祝日の場合は翌日)　P あり

横浜市営地下鉄「仲町台駅」・「センター南駅」よりタクシーで約7分

ランチ　3,850円～、ディナー　6,050円～
完全予約制

「むくの実亭」までの道は竹林の切通

豊かな里山に抱かれた
築200年近い古民家レストラン

1.手入れが行き届いた中庭と母屋。横浜とは思えない景色が出迎えてくれる　2.店内はバリアフリーで車椅子でもそのまま入ることができる
3.箸で食べられる和牛フィレ肉のロースト

french restaurant 25 戸塚区

久右衛門邸
［キュウエモンテイ］

立派な門をくぐると、美しい竹林と庭に囲まれた重厚な建物が目に入る。ここは、築187年の古民家レストラン「久右衛門邸」。横浜の福祉事業所が営むフレンチレストランだ。「自分へのご褒美が社会貢献になる」というコンセプトの下、フレンチのシェフによる季節の食材を活かした誰もが食べやすい味わいのフレンチを提供している。

2千平方メートルの敷地には、フレンチレストランの母屋とカフェの納屋が建ち、水路がめぐらされた裏山の睡蓮が咲く池にはメダカが泳ぎ、初夏には蛍が飛び交う。「桜や紫陽花、紅葉や雪景色も素敵です。食後にはぜひ散策を楽しんでいただきたいですね。知識豊富なスタッフがご案内させていただきます」と広報の柳谷紀久子さん。ホテルやレストランで経験を積んだ料理人とともに、様々な特性を持つスタッフが個性を活かしながら活躍するレストラン。心も元気になる場所だ。

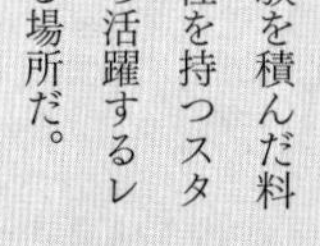

DATA

045-811-1234
横浜市戸塚区名瀬町2026
11:00〜15:00(LO14:00)、17:00〜22:00(LO21:00)
休 月曜　P あり
JR「東戸塚駅」よりバス約10分「さかえ橋」より 徒歩約5分
ランチ　5,500円〜、ディナー　9,900円〜 予約制

里山の風景が広がる裏山。ゆっくりと自然を満喫したい

CHAPTER 3

美しい景色に浸る
海カフェ

海の景色は、私たちに心の穏やかさと
ともに、エネルギーも与えてくれる。
身近にある異国へ、旅に出よう。

umi cafe
26
逗子市

MALIBU FARM
［マリブファーム］

海外リゾートを彷彿とさせるラグジュアリーな空間

都心から車を走らせ、およそ1時間。クルーザーが停泊する「リビエラ逗子マリーナ」は、いつ訪れても潮風とヤシの並木が出迎え、海外のリゾート地をイメージさせる。その一角に2020年3月に「マリブファーム」がマリブホテルと同時にオープン。まるで水に浮かぶような趣の異なる3つのテラス席からは、ヤシの木越しに海や富士山も望め、非日常感をもたらしてくれる。四季折々の草花はガーデナーによって手入れされ、どこを見渡しても美しい眺めが広がり、時間の経過を忘れてしまう。遠方からの来店が多いのも納得だ。

ロサンゼルスのマリブで人気のレストラン・「マリブファーム」の日本初出店舗となるこちら。ロサンゼルスで人気のメニューの他に、リビエラ逗子マリーナのコンポストを活用した湘南産の新鮮野菜や、相模湾の魚介類など地産の食材を使用した日本限定のカリフォルニアキュイジーヌを提供している。

窓を開放すると店内席とテラス席がひと続きに。週末は不定期でイベントを開催

「リビエラは、約20年前にこのマリーナ運営を手掛けるようになりました。日々、船で海に出ながら気候変動に危機感を覚え、環境保全活動を開始しました」と語るのは専務取締役の渡邊華子さん。２００６年から環境の取り組みとして、リビエラ逗子マリーナ場内でのコンポストと地元農家と協働した〝湘南で循環するリビエラ循環野菜〟をレストランで提供するなど、サステナブルな街づくりに取り組んできた。また、国際環境認証「ブルーフラッグ」を取得した、アジアで初のサステナブルマリーナでもある。そのマリーナを目の前に、心地よい海風を感じながら愛犬とも食事ができるテラス席は大人気。「マリーナ全体で、愛犬家も、犬が苦手な方も含めて、ペット共生社会のモデルタウンを目指す取り組みも行っています。２０２３年5月にはリード無しで楽しめるドッグスペースもオープンしました」。サンセットタイムには空全体がオレンジやピンク色に染まり、富士山や江の島のシルエットがリゾート気分を高めてくれる。

1

CHECK

テラス席は、
まるで海外
リゾート気分

3

2

4

1.景色も美しい一番人気のウォーターテラス席　2.「ブラータチーズとセルバチコ、フレッシュフルーツのサラダ」はカリフォルニア産のブラータチーズを使用した本店直伝のシグネチャーサラダ　3.「藤沢小麦のブリオッシュで仕立てたビーフバーガー」は、神奈川県産小麦で焼いたブリオッシュに新鮮野菜とビーフ100％のパテをサンドした看板メニュー　4.店内からヤシ並木とハーバー、そして海を望む

DATA

0467-23-0087
逗子市小坪5-23-16
リビエラ逗子マリーナ内
ランチ11:00〜15:00(LO14:30)
アフタヌーンティー14:30〜16:30
(LO16:00)
ディナー17:00〜20:30(LO19:30)
休 なし　P あり　一部エリア
禁煙
朝比奈ICより車で約20分

MENU

ブラータチーズとセルバチコ、
フレッシュフルーツのサラダ
……………… 2,180円
藤沢小麦のブリオッシュで
仕立てたビーフバーガー
……………… 2,680円
本日のケーキセット
……………… 2,200円
ランチコース
（前菜・本日のスープ・
メインコース）… 3,980円

umi cafe 27
逗子市

surfers zushi

［サーファーズ ズシ］

眼下のオーシャンビューが特別な日を演出

国道134号線。鎌倉材木座海岸からトンネルを抜け、逗子海岸へ向かう途中の海側に建つこちら。オープンテラスから、三方向に広がる海を見渡せ、まるで海の上に浮かんでいるかのよう。店舗から続く階段を下っていくと海へとつながっている。

金沢文庫にあったレストランバー"The Road and Sky"の「海の家」として2009年に逗子海岸にオープンし、2014年にレストランとして現在地へ移転した。「地元に根付き、湘南の新しいカルチャーを発信する場所となれば」とオーナーの成瀬一郎さん。週末には、ライブ、トークショー、落語、フィルム上映など様々なイベントを開催している。見た目も鮮やかなイタリアンをベースとした海辺スタイルのメニューは、地元食材を使用。小坪・佐島・長井港の魚、逗子・鎌倉・三浦産の野菜、肉と卵も地元の食材を仕入れている。予約制なのでまずはお電話を。

CHECK
雨天・強風でお休みになる日も。HPで確認を!!

1.日替わりの「鎌倉プレート」はその日の仕入れでメニューが決まる　2.サンフランシスコ生まれのノンカフェインハーブティーの他、ドリンクメニューも充実　3.週末は100席あるテラス席でイベントを満喫。バーベキューや飲み放題プランも。(4名より、3日前までに予約)

DATA

046-870-3307
逗子市新宿5-822-2
11:00～日没
不定休
あり
可
禁煙(喫煙スペースあり)
JR「逗子駅」、京急「逗子・葉山駅」より、徒歩約25分

MENU

surfers鎌倉プレート……market price
ビラボンクラシックバーガー……1,280円
小坪漁港より海の幸ペスカトーレ トマトソース……2,480円
surfers BBQ Set……6,000円/1人(4人～)
オーガニックワイルドベリーハイビスカスレモネード……950円
アサイ　Acai　スムージー……1,080円

umi cafe
28
葉山町

UNDER THE PALMO HYAMA MARINA

［アンダー ザ パルモ ハヤマ マリーナ］

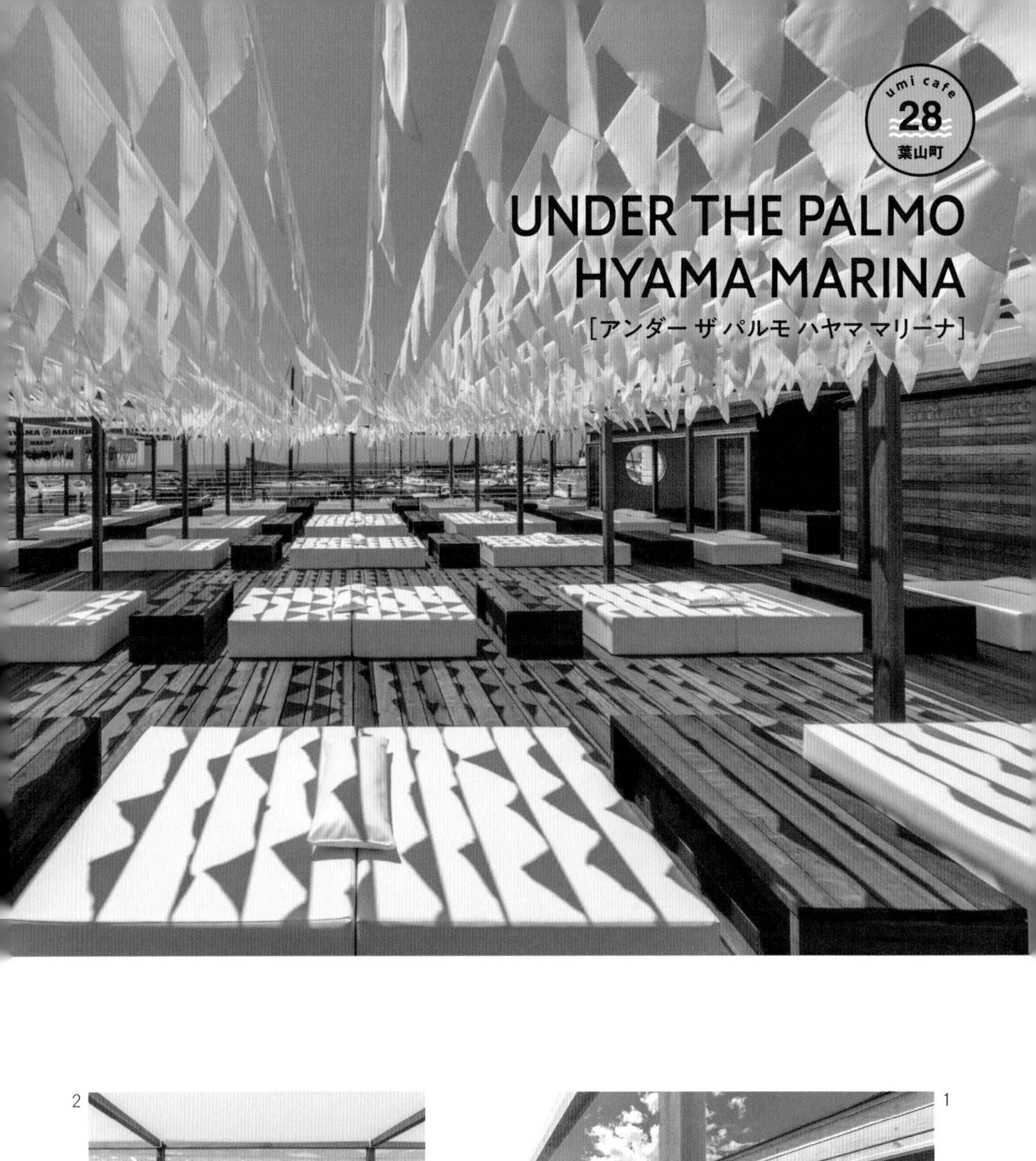

2

1

1.全ての注文はこちらのドリンクカウンターで　2.白のソファー席にはピローが設置されているので寝転がって自由にくつろげる

3

4

3.ヨットや海が目の前にある座席　4.イベントスペースではアーティストの作品を展示販売する日も

絶景パノラマを望み
地元産食材に舌鼓

海と山の豊かな自然に恵まれ、御用邸のある街としても名高い葉山町。国道１３４号線沿いにある葉山マリーナは、日本ヨット発祥の地として知られ、ヨットはもちろん、クルージングや釣りなどのマリンスポーツを愛する人々が集う。アウトドアショップやレストランなどの施設も備えている。そんな葉山マリーナに２０２２年7月にオープンしたのがこちら。完全屋外型のテラス席で、目の前に広がる相模湾の絶景パノラマと心地よい海風が、海外のリゾート地にバカンスに来ているような非日常感をもたらしてくれる。地元の建材を使用し、地域の職人たちによって建築され、“It’s time to relax”をコンセプトに、訪れる人がまるで葉山の自宅にいるようなくつろぎを感じられる空間になるようデザインしたという。おすすめは夏が過ぎた静かな季節。また、空気が澄んだ冬には、新鮮な空気を味わう事ができ、遠くには富士山も望める。

開放感あるエントランス。左側は葉山マリーナ人気のビュースポット

地元を愛するオーナーの思いが込められたこちらで提供される料理は、地元の農家や漁師から仕入れる旬の食材を使用しているので、メニューは季節ごとに変更される。新鮮野菜をたっぷり使った「ウェッジサラダ」や、濃厚な卵がピザ生地に絡んだ「ビスマルクピザ」もおすすめだ。地元食材を使って作られたオリジナルカクテルと共に味わいたい。見た目も鮮やかなカクテル「BLUE HAYAMA」をチョイスしたら、リゾート気分を盛り上げてくれるだろう。

時間を忘れ、潮風を感じながら家族や大切な人とゆったりとくつろげる空間だ。完全屋外の施設のため天候によっては休業。天気予報を見ながら計画的にプランを立てるのもよし、海沿いのドライブのついでにふらっと訪れるのもよし。

またファッションブランドの期間限定ショップの出店や香りのワークショップなどの他、夕日や朝日を望みながらの体験ヨガなどビーチイベントも不定期で開催しているので、HPをチェックしよう。

1

2

3

1.イベントスペースにあるヨットビューウィンドウがアート作品のよう　2.海へと一直線に続くインフィニティービュー　3.5種類のピザと見た目も華やかなカクテル

CHECK
全てのカクテルがノンアルコールでも注文可能

MENU

ICEBERG WEDGE SALAD
ウェッジサラダ ･････ 1,700円
BBISMARK PIZZA
ビスマルクピザ ･････ 1,900円
RROMANA PIZZA
ロマーナピザ･･･････ 1,800円
BLUE HAYAMA･････ 1,200円
SUNSET KISS ･･････ 1,200円
YUZU SODA ･････････800円

DATA
046-874-5371
三浦郡葉山町堀内50-2
完全屋外の為、雨天時、強風時、悪天候時、休業※季節により変動あり
火曜　※葉山マリーナ定休日に準ずる
あり　可　禁煙
京急線「逗子・葉山駅」よりバス約10分「葉山マリーナ」よりすぐ

umi cafe 29 三浦市

BEACHEND CAFE
［ビーチエンド カフェ］

2

1

1.海と緑のコントラストがリゾート気分をもたらす　2.大きなフォークが目印。その奥の犬小屋には宮浦さんの愛犬ビアデッド・コリーのロック君がいる日も

3

4

3.前面にビーチが広がるテラス席で、時間を忘れて過ごしたい
4.普段は開放されていない2階席も、大人数での貸し切りの際には要相談

前面の海を望みながら非日常を味わう

金田湾を望みながら三浦海岸から菊名海岸へと車を走らせ、海岸線の終わりに見えてくるのが２０２０年4月29日にオープンしたこちらのカフェ。オーナーの宮浦準さんは、お気に入りのオーストラリア・バイロンベイと、この地の海岸線が似ているとインスピレーションを感じて、この場所に決めたという。豊かな海と、温暖な気候で野菜作りにも適している三浦半島の食材を中心としたカジュアルフレンチを楽しみに、遠方からも多くの客が訪れている。宮浦さんは飲食店の企画やコンサルタント事業を行う株式会社バルニバーニから独立し、1店舗目にこちらのビーチエンドカフェをオープン。翌年には愛犬同伴で楽しめるピザ専門店「Cliff Terrace Pizza & Bar」や、一日一組限定の一棟貸しホテル「VILLA BLU」を次々と〝ビーチエンドエリア〟にオープン。「この地域と共に歩んでいけたら」とスタッフの竹内萌さんは話す。

緑が映える開放的なテラスにはソファー席もあり、ゆったりと寛げる

全面ガラス張りの窓からはオーシャンビューが広がり、テラス席では海を眺めながらのんびりと寛げる。「海岸からでもサンダルで気軽にいらっしゃってください」と竹内さん。テラス席はワンちゃんも同席が可能だ。三浦・三崎・横須賀などの食材を使用した地産地消のカジュアルフレンチは、モーニング・ランチ・ディナーと時間帯によって異なるメニューを提供。マグロの骨から取った出汁をベースにしたカレーに、特製のマグロカツが添えられた「三崎マグロのカレーライス」や、地元産の瑞々しい野菜と食べ応えのあるソーセージに目玉焼きがのったモーニングプレートも人気。見た目も鮮やかなカクテルをはじめとしたドリンクメニューが充実しているのも嬉しい。パティシエの腕が光る「L'atelier douceur TOMMY（ラトリエ ドゥスール トミー）」のスイーツはテイクアウトも可能だ。

さわやかな朝の陽ざしから夕暮れ時まで、様々な表情を見せるロケーションを背景に、日常の喧騒から離れ大切な人との時間を過ごせる場所だ。

1

2

1.店内で製造している「L'atelier douceur TOMMY」のケーキも充実　2.モーニングのアメリカンブレックファーストは、人気の一品。朝食を楽しみに訪れる人も多いという

CHECK

早起きしてモーニング。ランチタイムから、ディナーメニューも

MENU

三崎港マグロテールの丸ごとロースト
　ガーリック風味……………2,900円
アメリカンブレックファースト……1,850円
三崎マグロのカレーライス
　（三浦野菜のフレッシュサラダ付）…2,000円
BEACHサンライズ……………880円
モヒートオーシャン……………1,100円

手前より時計回りにBEACHサンライズ、モヒートオーシャン、ココナッツモヒート

DATA

046-854-4484
三浦市南下浦町菊名1089-18
8:00〜20:30(Last in)
モーニング8:00〜(LO10:30)
ランチ11:00〜15:00
(ディナーメニューも可)
休 火曜　P あり　テラス席のみ可
禁煙(喫煙スペースあり)
京急久里浜線「三浦海岸駅」より徒歩約25分
「三浦海岸駅」よりバス7分「高抜」より徒歩約1分

umi cafe 30 三浦市

三崎口カフェ サンセットテラス アソラ

［ミサキグチカフェ サンセットテラス アソラ］

大切な人と過ごしたい 絶景を望むプライベート空間

海が好きで30年ほど前から海の近くに家を探していた岡田真一さん。20年前、ドラマや映画のロケ地としても人気の三浦半島の絶景スポット「黒崎の鼻」の近くの民家と出合う。料理で人をもてなすことが好きだったという岡田さん夫妻は、遊びに来る友人・知人の勧めもあって、自宅兼カフェに建替えた。建築士でもある岡田さんが設計したこちらで腕を振るうのは、息子でありオーナーシェフの岡田航さん。航さんは銀座のホテルレストランで腕を磨いた。「最善の料理を提供するため週休3日にしております。万全の仕込みでお客様をお迎えしております」。自家栽培で育てる野菜の他、湘南産の食材を使ったフレンチを楽しみに東京や鎌倉・逗子、遠くは北海道から訪れる人もいるという。雲がなければ富士山も望め、絶景を楽しみながら特別な時間を過ごすことができる。

CHECK

完全予約制なので、事前に必ず予約を

1.写真は「彩り野菜とちりめんじゃこのペペロンチーノ」本日のパスタセット。4つのパスタからチョイス　2.一面の畑の地平線に建つ隠れ家的カフェ。富士山を望める日も　3.テラスの奥にグランピング施設を構想中

MENU

本日のパスタセット
（手作り前菜プレート、スープ、自家製パン付）………2,900円
アソラカレーセット
（手作り前菜プレート、スープ、自家製パン付）………2,900円
スイーツ　セット………1,400円
（ランチセットの方は＋1,000円）
アソラサンセットコース
（サラダ、前菜プレート、本日のメイン、スープ、自家製パン、パスタ、ソフトドリンク、ミニスイーツ）………5,900円

DATA

080-4148-7335
三浦市初声町下宮田3433-3
12:00～15:00、17:00～20:00
月曜・火曜・金曜
あり（契約駐車場：応相談）
テラス席のみ可
禁煙
京浜急行「三崎口駅」より徒歩約15分

AMALFI CAFFÈ

［アマルフィイカフェ］

時がゆっくりと流れる
古都・鎌倉の空と海を愛でる

外壁一面に木板が貼られ、大きな木の箱のような外観が可愛らしい。アマルフィイカフェを運営するのは、七里ヶ浜で「リストランテ アマルフィイ」をはじめ4店舗を運営する「ビィバリュー」。中でも七里ヶ浜駅から徒歩1分のこちらは、地上3階のテラス席からの見晴らしが、ファンの心を掴んでいる。「空気の澄んだ秋は個人的にもおすすめのシーズン。晴れた日には伊豆大島まで綺麗に見えるんですよ」と話すのは、七里ヶ浜に住み始めて25年になるというスタッフの松村和代さん。看板メニューは、地中海の美しい風景が広がる南イタリア・アマルフィ地方の名物スイーツ、デリツィアリモーネ。イタリアで造られるレモンチェロー（リキュール）を加えた自家製カスタードをふわふわのブッセ生地でサンドし、さらにレモンチェロー入り生クリームを纏わせた逸品だ。程よい酸味と共に、濃厚なレモンの風味を堪能できる。

1.一番人気の「自家製ドルチェセット」。1階の姉妹店「アマルフィイ ドルチェ」のケーキ（写真はデリツィアリモーネ）、季節のジェラート、日替わりの焼き菓子、ドリンクがセットに　2.焼き立てのパニーニも人気　3.店内もおしゃれな雰囲気

MENU

自家製ドルチェセット ………… 1,280〜1,480円
パニーニ(季節のスープ、ドリンク付) ……… 1,280円
ブレンドコーヒー ……… 530円
ブラッドオレンジジュース ………………… 530円

CHECK

品揃え豊富なスイーツ

定番から季節限定まで、日替わりで揃うスイーツの数々に思わず目移りしてしまいそう

DATA

0467-53-8801
鎌倉市七里ガ浜1-3-14 3F
11:00〜18:00(季節によって異なる)
元日
あり　不可
禁煙
江ノ島電鉄「七里ヶ浜駅」より徒歩約1分

umi cafe 32 鎌倉市

Bed & Breakfast GOOD MORNING ZAIMOKUZA

［グッドモーニングザイモクザ］

波の音を聴きながら、海の幸と絶品カレーに舌鼓

　鎌倉の海水浴場として長く親しまれ、夏目漱石の名作『こころ』にも登場する材木座海岸。昔ながらの商店街と地域の人々のふれあいが残る材木座に魅せられたオーナーが、宿泊施設の無かったこのエリアに２０１６年に開業したのが「Bed & Breakfast GOOD MORNING ZAIMO KUZA」だ。〝海まで徒歩0分〟のオーシャンビューと、南国を思わせる明るく開放的な雰囲気に惹かれて訪れる海外からの観光客も多いという。

　併設するカフェにはＢＢＱも可能なテラス席が用意され、由比ヶ浜まで延びる海岸を借景に、くつろいだひと時を過ごすことができる。自慢のカレーは、インドカレーの名店「アナン邸」のスパイスを取り寄せて使用するほどのこだわりよう。専門店に負けない本格的な味わいを楽しめる。旅人を優しく迎えてくれるような、材木座の海と商店街の情緒にも浸る、ショートトリップに出かけてみよう。

1. 極楽寺の名店「アナン邸」がこの店の為に独自に調合したスパイスを使用した、ここだけでしか味わえない「スパイス香るオリジナルカレー」　2. 英語も堪能なスタッフの皆さん。左から、今村かほるさん、米本妙子さん、竹岡佑奈さん　3. カフェがあるのは、材木座海岸の目の前に建つ「材木座テラス」内

MENU

スパイス香るオリジナルカレー	1,628円
朝ごはん定食	1,518円
しらす丼	1,518円
BBQ ライトプラン	4,400円
デラックスプラン	5,500円

CHECK

材木座名物のしらすも美味

材木座で獲れるしらすをたっぷりと使ったしらす丼は朝食、ランチでも提供

DATA

0467-38-5544
鎌倉市材木座5-8-25　材木座テラス1F
8:00～10:00（LO9:30）
11:30～20:00（LO19:00）
無休（天候により休業の場合あり）
なし　テラス席のみ可
禁煙（喫煙スペースあり）
江ノ島電鉄「和田塚駅」より徒歩13分

umi cafe 33 鎌倉市

CUPS kamakura

［カップスカマクラ］

愛犬と一緒でもＯＫ！ １３４号線のオアシス的カフェ

江ノ電の長谷駅を出て、車1台しか通れない裏通りをのんびり歩くこと5分。「Good eats,good life」を掲げるこちらは、「江ノ電社員がおしえる おしえたくない推し店」にも選ばれている人気店。鎌倉生まれ、鎌倉育ちのオーナーは商業施設のデザイナーとしても活躍。１３４号線のすぐ向こうに太平洋が広がるこの場所に惹かれ、海を見ながらゆったり過ごせるレトロで落ち着いた店に仕上げた。店名の由来はカップケーキの専門店としてスタートしたことから。「２０２０年の開店以来、試行錯誤を重ねた結果、どこにでも自信を持ってお出しできる7品に絞りました」とスタッフの進士友紀さんは笑顔を見せる。

店内にはペット同伴スペースが用意され、愛犬と一緒にくつろぐ人も多いそう。鎌倉という場所柄、外国人観光客が訪れることも多く、カップケーキと並び、米粉を使用したグルテンフリーのラップサンドやピザも人気だ。

1.鶏ハムが5枚入った、ヘルシーかつ満足感十分のラップサンド。製法は「企業秘密です」（進士さん）という自家製ラズベリーソースが爽やかなラズベリーソーダもおすすめだ　2.築30年の建物を改装した店内。ウッディな雰囲気が自然豊かな鎌倉の雰囲気にマッチしている　3.街に溶け込むグレーの外観と木の扉が目印

MENU

ラップサンド
- エビ……800円
- チキン……700円
- ドリンクセット……100円引き

自家製ラズベリーソーダ……600円

カップケーキ……280〜300円

CHECK

一番人気は「Wチョコレート」

プレーン、抹茶あずきなど、カップケーキは7種類。もちろんテイクアウトも可

DATA

0467-67-4633
鎌倉市長谷2-7-22
10:00〜18:00
休 水曜・木曜
P なし　一部スペース可
禁煙
江ノ島電鉄「長谷駅」より徒歩約5分

umi cafe 34 藤沢市

iL CHIANTI CAFE 江の島

[イル キャンティ カフェ エノシマ]

映画の主人公のような気分にしてくれる絶景

映画に登場するようなロケーションのカフェを求め江の島へ。エスカーで頂上まで登り、「サムエル・コッキング苑」のすぐ隣、江の島灯台の足元にある「イル キャンティ カフェ 江の島」は、名作『グラン・ブルー』に登場するシチリア島の断崖絶壁に建つレストランをイメージした全席オーシャンビューのカフェだ。目の前を遮るものが何もないオーシャンビューは圧巻。昼間の青い海はもちろん、夕焼けや黄金色の海の輝きに目を奪われる。

そんな風景をさらに忘れられないものにしてくれるのが、こだわりの料理だ。姉妹店「iL CHIANTI BEACHE」と同様、本格イタリアンをベースに和のアレンジを加えたオリジナルイタリアンは、日本人に合う味付け。中でも、江の島特産のしらすをたっぷり使った「しらすピッツァ」や「冷製江ノ島スパゲティ」が人気だ。まるで映画の主人公になったかのような時を過ごすことができるだろう。

MENU

しらすピッツァ　M
…… 1,670円
キャンティ名物
蟹バーガー
…… 1,320円
カリブサラダ　M
…… 1,150円
本日のケーキ
…… 640円〜
ハウスワイン　グラス
…… 550円
ワイン　フルボトル
…… 1,760円〜

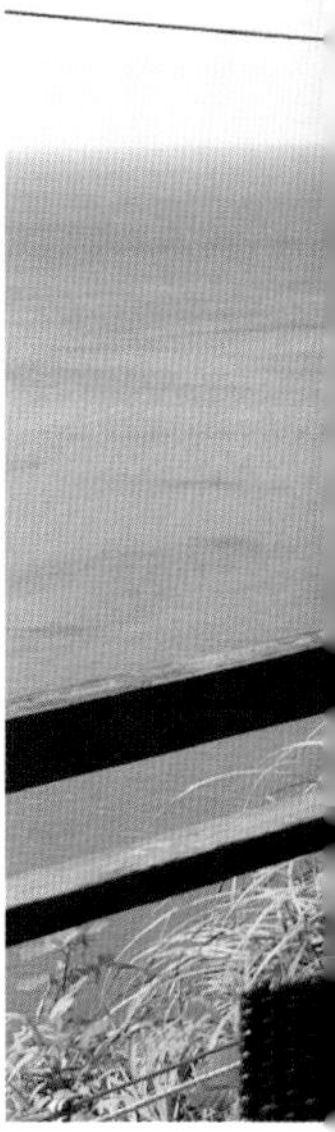

1.オリジナルブレンドのピザ粉の生地に、しらすをたっぷりとトッピング、数種類のチーズをのせ専用窯で焼き上げた「しらすピッツァ」など、地元の食材を使用したメニューがおすすめ　2.沈みゆく夕日を眺めながら料理とともに味わいたい　3.店内も全席オーシャンビュー

CHECK

専属パティシエが腕を振るうドルチェも外せない

季節ごとに種類豊富に取り揃えられたドルチェ。本格ジェラートはテイクアウトもOK

DATA

0466-86-7758
藤沢市江の島2-4-15
11:00〜21:00(LO20:00)
年中無休
なし　不可
禁煙
小田急江ノ島線「片瀬江ノ島駅」より
徒歩約20分

umi cafe
35
大磯町

OISO CONNECT CAFE grill and pancake

［オオイソコネクトカフェ グリルアンドパンケーキ］

1．テラスにあるカウンター席。海を眺めながら味わう一杯は格別　2.見飽きることのない風景。ゆっくり食事を楽しみたい

1

2

3

4

3.“海沿いのレストラン”をコンセプトに、シーフードを使ったメニューを豊富に用意。「丸ごと海の湘南パエリア」（2,480円）はシェアして食べたい一品　4.店内からは大磯漁港に停泊する船の姿も見ることができる

空と海、人を繋ぐ 大磯の海を一望するカフェ

レトロな風情をたたえる「大磯駅」や、駅前から海沿いへ下っていく石畳のさざんか通り、そして随所に建つ洋館は、大磯が文豪の愛した別荘地であった面影を伝えている。

さざんか通りを下り、国道1号線を渡って住宅街を進むと、海沿いの道に出る。港町の営みを感じる通りを歩いて行くと、大磯漁港の看板。そして現代的な外観の建物が現れる。「大磯港賑わい交流施設（OISO CONNECT）」だ。まちの新たな交流拠点として、2021年にオープンしたこちらの1階では、大磯港で水揚げされた鮮魚や地産の朝採り野菜、農産物品や町内で生産される加工品・特産品を販売している。そして、その2階、大磯の海を見渡す場所にあるのが、「OISO CONNECT CAFE grill and pancake」だ。目の前に広がる海と空、そして人々を繋ぐカフェとしてオープンした。まるで海の上にあるような立地。時間を忘れて眺めてしまう景色がそこにある。

白を基調とした店内は三面ガラス張り。大磯港の様々な風景を見ることができる

　大磯は山と海の自然あふれた場所ながら、都心からも1時間ほどで行くことができ、週末には多くの観光客が訪れる。「OISO CONNECT CAFE」にも多くの観光客が訪れ、この景色に魅了される。そして、ここに集うのは観光客だけではない。開業して2年、地元の人々が集う場所として地域に根付いてきている。「この場所は交流施設であり、地元の方にも多く利用していただきたいと思っています。仕事帰りに立ち寄ったり、お友達とのランチに利用していただいたり、人と人の繋がりの場になればと思っています」とマネージャーの梶谷さんは話す。

　大盛りしらすがのった「大磯しらすのペペロンチーノ」や魚介類の出汁を加えた「湘南シーフードカレー」など、海辺のカフェならではの、魚介を贅沢に使用したメニューが人気。また、ティータイムには、究極的にやわらかい、ふんわり食感のパンケーキは欠かせない。カップルや家族連れで語らうのもよし、一人で海を眺めながらの一杯も最高だ。海や空と一体になれる、そんな風景を体感したい。

1

2

1．一番人気の「大磯しらすのペペロンチーノ」（1,380円）は、にんにくの効いたペペロンチーノにしらすがたっぷり　2.ふわふわの食感に魅了される定番の「湘南パンケーキ」（1,080円）

MENU

渡り蟹の濃厚トマトクリーム	1,680円
ポキボウル	1,480円
フレッシュ苺のチョコフォンデュパンケーキ	2,080円
コールドブリューアイスコーヒー	510円
湘南レモネード	560円
大磯クラシックビール	780円

DATA

050-5385-1673

中郡大磯町大磯1398-6
OISO CONNECT 2F

9:00-18:00 (LO17:00)

不定休

なし（近隣の「大磯港第二駐車場（有料）」をご利用ください）

平日テラス席のみ可　禁煙

JR「大磯駅」よりタクシーで約5分

CHECK

季節限定の
パンケーキ
をチェック！

年6、7回変わる、季節のフルーツを使用したシーズナルパンケーキ。写真は秋限定の「シャインマスカットとマンゴーテリーヌのパンケーキ」（1,780円）

Lune Bleue Cafe

［ルナブルーカフェ］

自然のＢＧＭに包まれ本当の自分に還る場所

　カリフォルニアのビーチリフロントをイメージしたこちらのカフェでは、日本にいながら、海外の海沿いを訪れているかのような時間を過ごすことができる。外とのつながりを意識したオープンな店内には、心地よい風が流れ込んでくる。鎌倉の左官職人に依頼し、壁には石を加工して貼り付け、カウンターテーブルには古材を使用。外の海、石、木と自然のものに囲まれた空間だ。

「湘南のなかでも茅ヶ崎は落ち着いた場所です。波や風の音を聞きながら、自分と向き合う時間を過ごしていただきたいと思っています」と、自身も都内から茅ヶ崎に引っ越してきたという店長の松田桃さんは微笑む。

　店名は「水面に映る月」をイメージ。自然が生み出す風景や音に包まれて、スペシャルティコーヒーやクラフトビールを片手に静かな時を過ごせば、本当の自分に還ることができるだろう。

1

3

2

1.石材や木材を使用した洗練された店内。奥には3人ほどが上がれるステージもある　2.その時々のおすすめのボトルビールを多数用意している　3.オリジナルブレンドのスペシャルティコーヒーと自家製デザートも欠かせない

MENU

ローストビーフサンドイッチ……1,400円
トーストチキンサンドイッチ……1,400円
自家製バナナパウンドケーキ……450円
自家製テリーヌショコラ……550円
オリジナルブレンド……650円
ボトルビール各種……700円

CHECK

こだわりのサンドイッチを味わって

フランスから空輸したフランスパンに、ローストビーフやローストチキンを挟んだサンドイッチ。フランスの発酵バターやエメンタールチーズが上質な味わいに仕上げている

DATA

0467-38-6919
茅ヶ崎市中海岸4-12986-52-101
10:00～18:00（LO17:30）
木曜
なし　テラス席のみ可
禁煙(喫煙スペースあり)
JR「茅ヶ崎駅」より徒歩約20分

umi cafe 37 茅ヶ崎市

Southern beach Cafe
［サザンビーチカフェ］

海風を感じるテラスで季節の移ろいに浸る

伊豆大島や江の島、富士山までも見渡す「サザンビーチ茅ヶ崎」。夏は多くの人々が訪れる海水浴場になる。そんなビーチに面して建つのが、「Southern beach Cafe」だ。洗練された店内では、湘南ＬＩＦＥを楽しむ人々が思い思いの時を過ごしている。また、海の風を感じるテラス席では、通常メニューはもちろん、一年中ＢＢＱを楽しむことができる。「湘南の朝を変える」というコンセプトのもと、力を入れているのがモーニングメニューだ。自家製のキューブパンとともに、スープや卵料理を提供。飲むアサイーヨーグルトがセットになっているのも嬉しい。「家での朝食ではなく、少し足を延ばして海を眺めながら、特別な朝を過ごしていただければと思っています」と店長の川之辺悟さん。賑わう夏、そして海の家が店じまいをして、静かさを取り戻していく秋——。海風を感じながら、季節の移ろいに浸ってみてはいかがだろう。

1.「自家製キューブパンとスープのプレート」(1,280円)。モーニングは土曜・日曜は150食限定。自家製レモネードやコーヒー、飲むアサイーヨーグルトが飲み放題　2.自家製キューブパンを使用したフレンチトーストも人気「ハニーナッツフレンチトースト」(748円)　3.広々とした店内は憩いの場所

MENU

エッグスラットプレート(モーニング) ……… 850円
サザンビーチバーガー ……… 1,738円
茅ヶ崎産しらすのペペロンチーノ ……… 1,595円
サザンビーチパフェ ……… 968円
トロピカルフルーツフラッペ ……… 750円
オリジナルレモネード ……… 550円

CHECK

BBQは海鮮もたっぷり味わえる

海鮮焼きに加え、しらすのサラダやブルスケッタなどのおつまみでも海鮮料理を味わえるのが嬉しい(3,800円〜)

DATA

0467-82-4445
茅ヶ崎市中海岸4-12986
茅ヶ崎迎賓館1F
8:00〜20:00(LO19:00)
なし
あり　テラス席のみ可
禁煙
JR「茅ヶ崎駅」より徒歩約13分

THE WHARF HOUSE YAMASHITA KOEN

［ザ ワーフ ハウス ヤマシタコウエン］

足湯に浸かり 横浜の風景を満喫する

横浜を代表する観光地、山下公園。この地域の活性化を目的に２０２３年に開業したのが、「THE WHARF HOUSE YAMASHITA KOEN」だ。観覧車や大桟橋、横浜ベイブリッジに横浜港を行く大型船、横浜のイメージ通りの風景を眺めながら食事を楽しむことができるこのカフェには、海を眺めながらくつろげる足湯やＢＢＱを楽しめるスペースもある。また、授乳室やランナー向けのキャッシュレスのロッカーも完備。観光客はもちろん、地域の人々にとっても憩いの場となっている。「散歩途中に立ち寄る地元の方もいらっしゃいます。一方でこの場所は、中華街と桜木町の中間にあたるので、横浜散策の途中でも立ち寄っていただければと思っています」とマネージャーの伊藤直樹さんは話す。

海はもちろん、山下公園の芝生やバラも美しい。自然を眺めながら足湯でのんびり。横浜の新しい楽しみ方だ。

1.みなとみらいの夜景を一望できるテラス席の足湯　2.ランチメニューの「オリジナルハンバーグプレート」（1,760円）　3.ブルワリーをイメージし、クラフトビールを豊富にそろえている。地ビールの「横浜ビール」は8種類用意

MENU

ワークハウス・モーニングプレート …… 1,650円
ナポリタン・スパゲッティ …… 1,080円
SABAサンド …… 1,100円
手長海老のガーリックグリル …… 1,200円
横浜ビールテイスティングセット …… 2,400円

CHECK

芝生の上でピクニックもおすすめ

レジャーシートやバスケットのレンタルと軽食がセットになったピクニックセットも。手ぶらで楽しめるのも嬉しい

DATA

045-228-7737
横浜市中区山下町279
9:00〜22:00（LO21:00）
不定休
なし　テラス席のみ可
禁煙
みなとみらい線「元町・中華街駅」より徒歩約7分

umi cafe

39

中区

Teafanny［ティファニー］

「イチイチが可愛い♡」
撮影マストな〝映え〟カフェ

エントランスを入ると、そこには別世界が広がる。白い砂浜のビーチには大きなヤシの木が揺れている。ここはカリフォルニアのビーチリゾートをイメージした結婚式場。中庭には銀杏並木もあり、砂浜や銀杏並木で結婚式が挙げられると人気だ。「結婚式だけでなく、より多くの人に利用してもらいたい」という思いから、カフェを併設。店内はスペースごとにコンセプトが異なるため、その日の服装や気分によって、座る場所を選びたい。『イチイチが可愛い』をコンセプトに、どこで写真を撮っても〝映える〟空間づくりをしています。席の移動もOKなので、沢山写真を撮っていただきたいですね」と広報の溝口菜摘さんは話す。

アメリカ・サンフランシスコの高品質な茶葉「マイティーリーフ」を使用したドリンクが人気。爽やかで飲みやすい味わいだ。「可愛い」に包まれる、〝映え〟カフェを楽しんで。

1

2

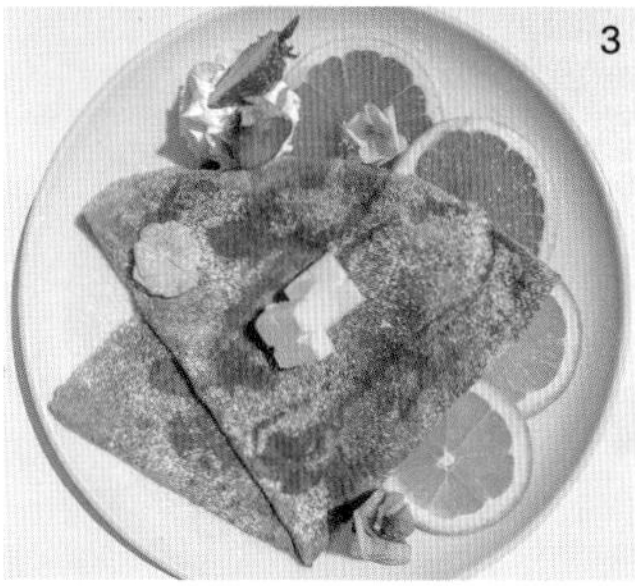
3

1・2.店内は壁ごとにコンセプトが異なり、沢山の撮影スポットがある。移動OKなので、ゆっくり撮影を楽しみたい　3.全粒粉のクレープは食事系とスイーツ系あわせて10種

MENU

メープルバター	1,300円
ベリーティーソーダ	600円
ピンクグレープフルーツティー	700円
アップルティーソーダ	600円
柚子ミントティー	700円

CHECK

アガベシロップで低カロリー!

ドリンクやスイーツにはアガベシロップを使用。低カロリーなのも嬉しい

DATA

045-625-1661
横浜市中区新山下3-2-5
10:00～19:00
不定休（HPをご確認ください）
あり　テラス席のみ可
禁煙
みなとみらい線「元町・中華街駅」より徒歩約15分
※来店時は当日の利用可能エリアの確認を

大地とふれあう 農業体験

モナの丘

［モナノオカ］

**どろんこになって自分の手で収穫した野菜は、とびきりに美味しい。
野菜ぎらいの子どもたちもパクパク、もりもり。
四季折々、様々な農業体験ができるこちらは、1日フリーパスの農業テーマパークだ。**

もぎたてのトマトをいただきま〜す！

新鮮な野菜はどれも感動の味。都市部にも近いこちらの農園は、リピーターも多い。

ブルーベリー狩り（7月頃）。木によって甘さや味が違うので、試食しながら摘み取るのがポイント。体験費用は1パック1,000円。

清流・相模川の河岸段丘の上に、約3・5ヘクタールの農園が広がる。こちらは農業生産法人「グリーンピア相模原」が運営する農業体験施設「モナの丘」。設立当初は生産・販売のみを行っていたが、現在は農業体験やレストランの運営も行っている。

農業体験の種類は盛りだくさん。トウモロコシ、トマト、ニンジン、サトイモなどの収穫体験、ブルーベリー狩り、イチゴ狩り、ミカン狩り、梅シロップ作り、ハチミツ搾り、カモミール摘み取り、椎茸の原木栽培、藍染め…。季節ごとに様々な体験事業を行っているのでホームページをチェックしよう。餅つき、花火大会、カブトムシの育成教室などのイベントも行っており、「田舎のおじいちゃんちに遊びに来たみたいと言われます」と社長の桑田浩二さんは笑う。

体験申し込みは事前予約が必要なもの以外に、当日申し込み可能なものも。「まずはどんなところなのか行ってみたい」という人は、レストランや「ＢＢＱ（バーベキュー）の森」の利用がおすすめだ。

「インドセット」のカレーは「旬菜カレー」＋「選べるカレー」（タマゴ・チキン・キーマ）の2皿で、旬菜カレーは1回お替り可。

レストランで提供するのはカレーを中心としたインド・ネパール料理。野菜はもちろん、こちらの農園で収穫したものだ。

旬の野菜やフルーツを使ったドリンクやケーキ。農業体験で汗を流したら、こちらでホッと一息を。

体験MENU ※季節によって変わります

- ブルーベリー狩り ……… 1,000円/1パック
- 梅シロップ作り体験 ……… 1,600円/1瓶 梅ジュース1杯付
- ハチミツ搾り体験 ……… 1,800円/1人 お土産用蜂蜜1瓶付
- トウモロコシ&トマト収穫体験 ……… 2,600円/1人 トウモロコシ3本（内1本をBBQ）・中玉トマト1カップ（畑で試食は別）付

ダイコンとジャガイモを収穫。「農業体験は、収穫したものを自分で食べられるのが何よりも楽しみですよね」と桑田さん。

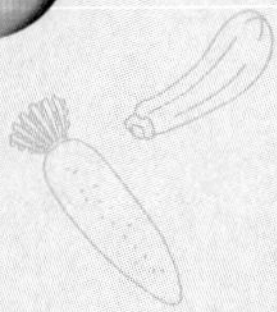

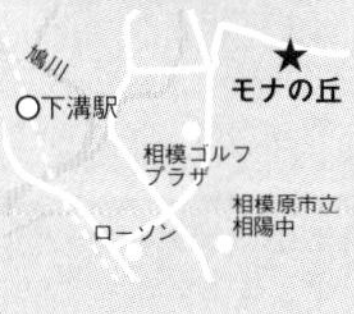

DATA

- 042-777-8586
- 相模原市南区下溝4390
- 10:00〜18:00、レストランは11:00〜18:00（LO17:00）
- 休 月曜（月曜が祝祭日の場合は営業、翌日が休み）
- P あり　テラス席のみ可
- 禁煙（喫煙スペースあり）
- JR「下溝駅」より徒歩約20分

希少な在来馬の乗馬体験

サドルバックカフェ

［サドルバックカフェ］

海と山に恵まれた自然豊かな江之浦で、乗馬ができる貴重な体験。初心者向け体験コースは気軽な10分の乗馬から、2時間の馬上弓くらべ（スポーツ流鏑馬《やぶさめ》）まで様々なコースから選べる。

牧場内には林もあり、アップダウンの道を進む様々なコースを用意

季節によって変わる自然を乗馬しながら感じられる

春、桜を背景にパシャリ

旧小田原街道沿い、みかんをイメージしたオレンジの建物が目を引くこちらのカフェ。店に入ると雄大な相模湾が眼下に広がるので、天気の良い日にはテラス席で過ごしたい。1983年、家業のみかん農家を辞めカフェをオープン。風景の一つとして牧場を作り、ヤギや羊を飼い始めたところ、日本の在来馬と出合う。古くから農耕でも活躍してきた日本の馬は、大人しい性格で小柄でありながら力持ち。平坦な馬場で馬を走らせる乗馬クラブのサラブレッドとは違って、傾斜地にも適しているという。

現在こちらの牧場では15頭の馬が飼われており、乗馬やスポーツ流鏑馬の体験ができる。「主に木曽馬を飼育しているのですが、日本古来の在来馬は活躍する場があまりなく、年々減少しています。とても穏やかな性格でかわいいんですよ。多くの方々に在来馬を知っていただき、触れてもらうことで、後世に残していきたい」と高橋径行さん。海と山を擁する小田原江之浦の自然の中で、乗馬ができる貴重なスポットだ。

サドルバック牧場で誕生した仔馬。和種馬を後世に残す活動をしている

潮風を感じるオーシャンビューのテラス席。店内からも海が望める

カフェで1番人気の「魚介グラタン」1,700円。絶景のオーシャンビューを望みながらいただきたい

体験Menu ※季節によって変わります

- 引き馬(ショート) …… 1,500円
- 引き馬(ロング) …… 2,500円
- 初心者体験乗馬・ロング(60分) …… 9,000円
- お散歩乗馬・半日コース(120分) …… 15,000円
- 初心者やぶさめごっこ(60分) …… 11,000円
- 馬上弓くらべスクール
  (月に1度開催。日程はHPで発表)
  9:30〜16:00頃(ランチ付き) …… 13,000円

馬上弓くらベスクールの練習風景

Data

0465-29-0830
小田原市江之浦415
カフェ11:00〜17:00(LO16:00)
牧場10:00〜16:00(要事前予約)
火曜
あり　不可
禁煙
「石橋IC」より車で約20分

CHAPTER 4

癒しの水辺

湖と川のカフェ

渓流に沿って、山々に囲まれた道を走る。
トンネルを抜けると、青い湖面が見えてきた。
時計を見ると、ちょうどコーヒータイム。

mizube cafe

42

愛川町

カフェひとあし

［カフェヒトアシ］

清流・中津川を前に癒しのひとときを

神奈川県西部には相模湖、津久井湖、宮ヶ瀬湖、丹沢湖などの湖が点在し、相模川は多くの支流を集めて相模湾へと注ぐ。水と緑豊かなこのエリアの中でも、宮ヶ瀬湖は都市部からのアクセスも良く、休日には多くの人が癒しを求めて訪れる。

湖に向かい中津川沿いの道を車で走っていると、ウッディな外壁の建物が見えてきた。入口は白壁に空色のドア。こちらは２０１９年にオープンした「カフェひとあし」だ。

「自然豊かな場所でカフェを開業したいと思い、２年間探してこの場所と出合いました。堤防越しの中津川の景色が素晴らしく、２階からこの川が見えるカフェにしました」とマネージャーの小久保康子さんは目を細める。

店舗は半世紀の歴史を刻む空き家をリノベーションしたという。隣にはかつて築１００年以上の母屋が建っており、その部材を店舗の随所に再利用している。

店内の窓側の席からも川は見えるので、暑い日や寒い日はそちらで過ごそう

こちらを訪れた多くの人が、まずはテラス席に座ってみる。目の前を流れる中津川と、新緑や紅葉など四季を感じられる山々。野鳥も多く飛んできて、美しいBGMを奏でてくれる。

人気メニューはフランス料理店で腕を振るった経験をもつパティシエがつくるオリジナルレシピのパフェやケーキ。パフェは旬のフルーツを用いて常時2種類を提供しており、新作を楽しみに来るリピーターも多い。ピューレ、ジュレ、ムース、クランブル（クッキー生地をそぼろ状にした焼き菓子）などフレンチで培った料理技術がパフェの器に注ぎ込まれる。「最後まで飽きることなく食べていただきたいという思いから、10種類以上の素材を取り入れています。一番の人気は春の『桜パフェ』ですね。桜の塩漬けを添えたアイスクリームに、桜餡を使った生クリームをのせています」とパティシエの肥後貴人さん。

ランチはスープとサラダ、クロワッサンのシンプルなものと、少しボリュームのあるキッシュプレート（平日のみ）の2種類。

1

1.「桃と赤紫蘇のパフェ」。ライチとベルガモット（イタリアを主産地とする柑橘類）の塩ソルベがアクセントになっている　2.カフェから徒歩約5分、中津川に架かる愛川橋からの眺め　3.「スペシャルランチプレート（キッシュとボリュームサラダとスープのランチ）」　4.新作パフェはパティシエがチョコレートで描いたイラストを使って解説

4

2

3

CHECK
自分が食べたパフェはどんなパフェ?掲示ボードで探してみよう

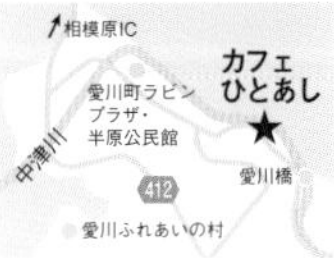

DATA

046-280-4233
愛甲郡愛川町半原1946-1
11:00〜17:00(LO)
休 月曜・火曜
(祝日の場合は営業、振替休日あり)
P あり　テラス席のみ可
禁煙
「相模原IC」から車で約13分

MENU

パイナップルのパフェ…………2,420円
夏のもろこしパフェ…………2,420円
ひとあしランチプレート…………770円
スペシャルランチプレート…………1,320円
コーヒー…………495円
自家製シロップのサイダー…………660円

mizube cafe 43 清川村

Le cafe'd'Oguisso
［カフェ・オギッソ］

湖のほとりで、手作りサンドイッチ

山の緑に包まれた広大な宮ヶ瀬湖。こちらの「カフェ・オギッソ」は、現オーナーの杉本浩一さんで三代目。初代の頃はお客として通いつめ、二代目の頃はスタッフとして働いていたという。「元々コーヒーが大好きで、いろいろな店を巡っていました。そんな中で出合ったのがオギッソ。湖に面したロケーションで、せわしない日常を忘れてくつろげる、その喜びを今度は私がお客様にお伝えしていきたいですね」とほほ笑む。

評判を聞いて遠方からも訪れる人のお目当ては、サンドイッチ。一日24食限定で、注文を受けてから作る。パンは当日朝の焼きたてで、ふわふわもちもちの食感が自慢だ。コーヒーは最高級の生豆を自家焙煎しており、お好みのコーヒーカップを選ぶこともできる。

青い湖面を前に、絶品のサンドイッチとコーヒー。「贅沢な休日」とはこういう日のことを言うのだろう。

1.人気の「ふわふわ天使のたまごサンド」。季節ごとのサンドイッチも提供している
2.スイーツも充実。秋は地元産の栗を使うなど、季節の食材を取り入れたものも
3.朝、昼、夕方、そして四季折々の表情を見せる湖。時間や季節を変えて訪れたい

MENU

ふわふわ天使のたまごサンド……800円
季節のサンドイッチ……800円
プレミアムフルーツサンド……1,100円
チーズケーキ……500円
気まぐれスイーツ……500円～
自家焙煎珈琲……660円

CHECK
赤い看板が目印。カウンター席は予約がおすすめ

DATA

046-280-4715
愛甲郡清川村宮ヶ瀬377-1
11:30～16:30
月曜・火曜
あり　不可
禁煙
「相模原IC」より車で約22分

目の前は宮ヶ瀬湖。時間が経つのを忘れて、その美しさに見入ってしまう

宮ヶ瀬ダム レイクサイドカフェ

［ミヤガセダム レイクサイドカフェ］

雄大なダム湖のほとりで 大人気の「ダム放流カレー」

神奈川県の水がめ「宮ヶ瀬湖」はコンクリート使用量が日本一。定期的に観光放流が実施されており、高低差70メートルの人工の滝が織り成す壮大なショーを楽しむことができる。

観光放流を見た後は、ダムの下からエレベーターやケーブルカー「インクライン」を利用して堤体の上まで上がってみよう。都心部から車で一時間ちょっとの距離ながら、四季折々、豊かな自然が湖面に映し出される。湖のほとりには宮ヶ瀬ダムの役割を学べる「水とエネルギー館」があり、同じ建物内にこちらのカフェはある。

人気メニューは何といっても「宮ヶ瀬ダム放流カレー」。堤体に見立てたライスに差し込まれたソーセージを引き抜くとカレーが〝放流〟されるようになっていて、子どもも大人も大喜び。もちろん味も文句なし。カレーは多種類のスパイスを使用したオリジナルカレーで、本格的な味わいを楽しめる。

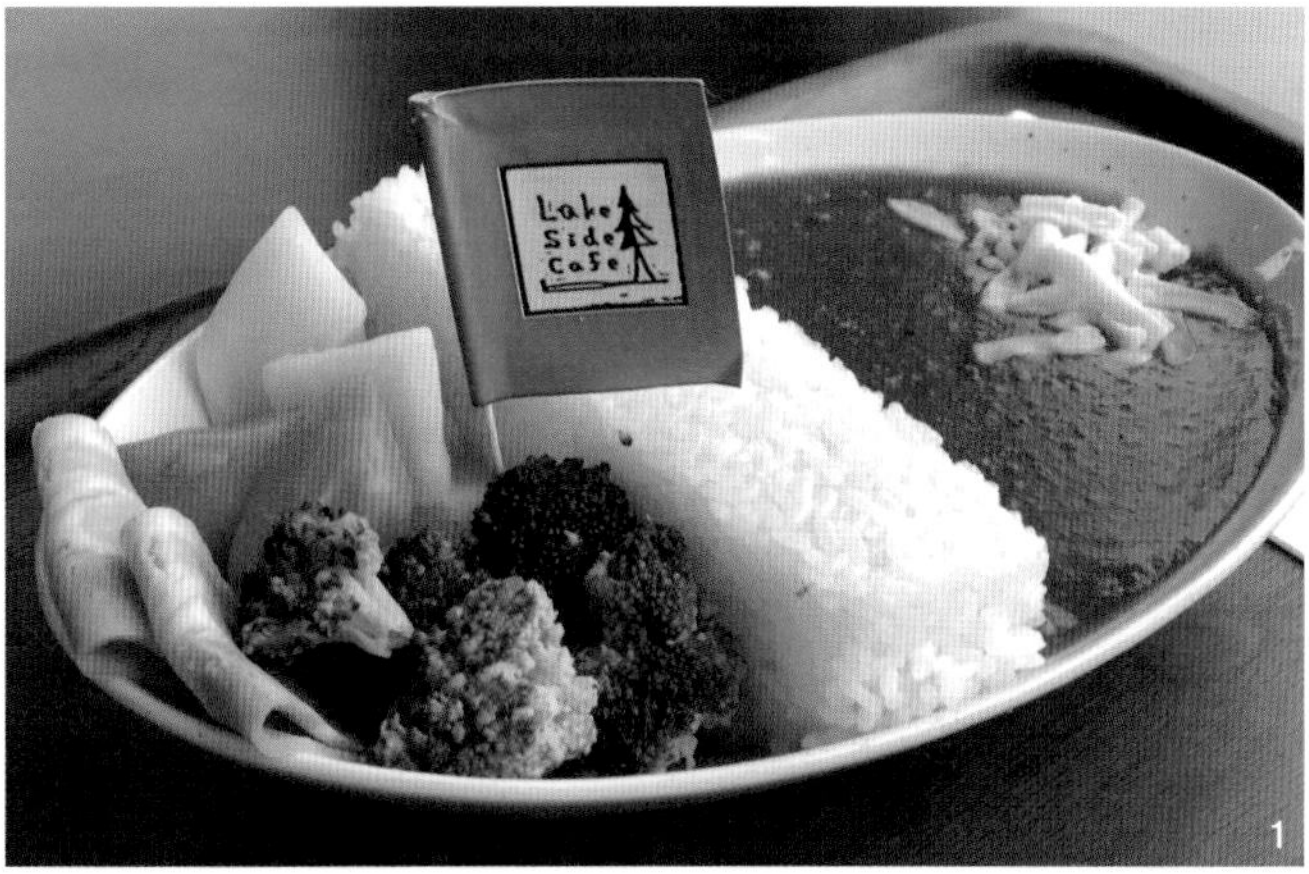

1

3

2

MENU

宮ヶ瀬ダム放流カレー …………1200円
お子様ダムカレー ……700円
鴨うどん ……………950円
モンブラン ……………600円
宮ヶ瀬ダムブレンド ……500円
抹茶フローズン …………500円

1.テーブルに運ばれて、まず歓声があがる。“放流”して2度目、食べて3度目の歓声　2.コーヒーはオリジナルブレンドをフレンチプレスで提供　3.食後は堤体の上を散歩しよう。左を向けば青い湖、右を向けば遥か遠く、横浜が見える

CHECK

カフェは観光放流日以外も営業

宮ヶ瀬ダムの観光放流日は「神奈川県立あいかわ公園」のホームページでチェックを

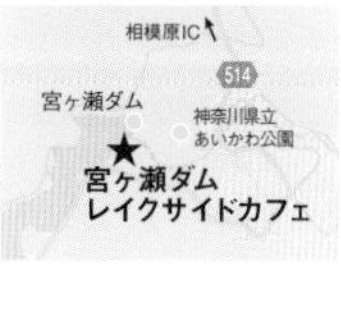

DATA

046-281-0991
愛甲郡愛川町半原字大沢5157
水とエネルギー館1F
11:00～16:00（ラストオーダー15:00）
月曜（祝祭日の場合は営業、翌日が休み）
あり　テラス席のみ可
禁煙
「相模原IC」より車で約40分

Cafe COCCO+

［カフェ コッコプラス］

ゆったりとした店内で輝く湖面を眺めて

相模湖駅から「さがみ湖リゾートプレジャーフォレスト」に向かう道沿いにあり、車でもバスでも好アクセス。こちらの建物は元々、オーナーの澤口直樹・清美さん夫妻の母親が経営する洋食レストランだった。ライトイエローの上品な外観、そしてゆったりとした造りの店内に、その名残りを感じられる。

店に入ると、大きなガラス窓から輝く湖面が目に飛び込んでくる。高い天井とシーリングファン、窓辺のシュロの木、バルコニーもあり、どこか南国の風情も。「春の新緑はとってもきれい。窓が西向きなので、夕焼けもすてきですよ」と清美さんは話す。

自家製ピザ生地に旬のフルーツがのった「デザートピザ」は、イタリアンレストランで働いた経験を持つ娘の日菜《ひな》さん・亜耶《あや》さん姉妹が、リンゴをのせたピザからヒントを得て考案したという。テレビの取材をきっかけに人気に火が付き、遠方から訪れる人も多い。

MENU

パスタ 完熟トマト＆チーズ……900円
ミックスピザ……950円
シーフードリゾット……1,100円
エビドリア……900円
デザートピザ……1,300円
ブレンドコーヒー……400円

1.湖を望む窓辺にて、ある日のランチメニュー。もっちりとした生パスタが評判　2.イチゴ、キウイ、バナナ、パイン、オレンジなどが載ったデザートピザ　3.周辺は相模湖や「さがみ湖リゾートプレジャーフォレスト」など見どころがたくさん

CHECK

赤ちゃんや小さな子どももウェルカム

DATA

042-684-2989
相模原市緑区若柳1591
11:30〜17:00
不定休
ありP　不可
禁煙（喫煙スペースあり）
JR「相模湖駅」よりバス約9分「嵐山」よりすぐ

気候のいい時季にはバルコニーで過ごすのもおすすめ。季節ごとに訪れたい

mizube cafe 46 清川村

Cafe WILD CHICKEN

［カフェ ワイルドチキン］

2

1

1.歩行者専用の「水の郷大吊り橋」を歩けば、まるで湖上を散歩しているかのよう　2.青い湖水をたたえる宮ヶ瀬湖

3

4

3.テラス席と、その奥がドッグランになっている。食事メニューは「わんちゃん用ご飯」も　4.コーヒースペシャリストが淹れる本格的なコーヒーをいただける

青い湖面を前に
家族も愛犬も笑顔

広大な宮ヶ瀬湖の観光スポットは「宮ヶ瀬湖畔エリア」「鳥居原エリア」「ダムサイトあいかわ公園エリア」の三つに分かれている。宮ヶ瀬湖畔エリアは「水の郷大吊り橋」「水の郷大噴水」「水の郷商店街」「けやき広場」など見どころにあふれており、カヌーやグラスライダーなどの体験も可能。大人も子どもも一日中楽しめるエリアだ。

たくさん遊んでお腹ペコペコになったら、野外音楽堂の向かいに建つ「Cafe WILD CHICKEN」へ行こう。「丹沢じぐろ」と書かれたのれんをくぐると、目の前には囲炉裏端。右を向けばコーヒーが薫るカウンター、左を向けばゆったりと足を伸ばせる畳の大広間。小さな子ども連れにはうれしい造りだ。奥へ進むと広いウッドデッキがあり、こちらでは犬と一緒に食事を楽しめ、ドッグランも利用できる。目の前に広がる青い宮ヶ瀬湖を眺めていると、時が経つのを忘れてしまう。

囲炉裏は冬季に軍鶏鍋などを提供する際に使用する

のれんに書かれた「丹沢じぐろ」とは、「丹沢滋黒軍鶏《しゃも》」のこと。こちらは相模原市の養鶏場「山路ファーム」のアンテナショップとしてオープンした。「丹沢滋黒軍鶏は神奈川県独自の鶏種で、餌に抗生物質を入れず、通常の鶏の2倍以上、１２０日の飼育日数で大切に育てています。肉質がしまって程よい弾力があり、味がしっかりしていて、クセのない旨味を感じられます」と店長の江川弘一さんは話す。アニマルウェルフェア（動物福祉）の観点も大切にし、鶏のストレスを低減する飼育環境を実現。1平方メートルに4羽のみを飼い、のびのび育てているという。

メニューは親子丼、ラーメン、カレーなど丹沢滋黒軍鶏を存分に味わえる逸品が揃う。「軍鶏ロース」には醤油ベースのタレと、同じ県内にあるメーカー「岩井の胡麻油」のごま油をからめている。コーヒーはスペシャリティコーヒーを提供。サイフォン、ドリップから選べる。絶景と、こだわり抜かれた素材を使った料理と食後のコーヒー。至福の休日を過ごせる空間だ。

1

2

CHECK

軍鶏肉とタマネギがたっぷり。夏は冷やしラーメンも人気

1.山路ファームで育てる「丹沢滋黒軍鶏」。餌は米ぬかを使った飼料を有機微生物によって1カ月以上かけて発酵させてから使用。神奈川県・三浦のひじきも配合している　2.一番人気の軍鶏ラーメン。味は「塩」「淡麗醤油」から選べる

MENU

軍鶏ラーメン	1,210円
炙り軍鶏親子丼	1,452円
軍鶏カレー（サラダ付）	1,452円
軍鶏ロース油淋鶏定食	1,452円
スペシャリティコーヒー	600円
紅茶のシフォンケーキ	770円

DATA

070-1587-3988

愛甲郡清川村宮ヶ瀬951-3
（宮ヶ瀬湖畔園地内）

11:00〜16:00

月曜（祝日の場合は翌日）、木曜

あり（公園の駐車場を利用）

テラス席のみ可　禁煙

「相模原IC」より車で約23分

湖畔でいただくコーヒーは格別の味

DIEGO BY THE RIVER

［ディエゴ バイ ザ リバー］

川の流れを眺めながら ゆったりとした時を過ごす

片瀬江ノ島にある「すばな通り商店街」。かつて江の島は1泊で行く旅行地であり、この通りには昭和初期まで多数の旅館が建ち並んでいた。しかし、交通手段が発達し、江の島が日帰りで行ける場所になると、次第にその姿を消していく。境川に面して建つ「DIEGO BY THE RIVER」もまた、旅館だった建物である。１９８０年代にウインドサーフィンが流行。先代は旅館を閉め、ショップやスクールを開業した。その2階に２０１０年カフェをオープン。「この辺りにはファーストフードのお店ぐらいしかなくて。地元の方にも食事に来ていただけるようなカフェをとこのお店をオープンしました」と話すのはオーナーの伊藤裕子さん。「海辺のザワザワした雰囲気とは異なり、ゆったりとした時間が流れています。海の家もなくなった秋がおすすめ。テラスで涼しい風にあたりながら、のんびりと過ごしていただければ嬉しいですね」

1

3

2

1. 境川の流れを感じられる窓辺のソファ席もおすすめ　2. 天井の高い店内席。ピンクの愛らしい壁が落ち着く　3. 誰もが食べやすいメニューをそろえる。オープン当時からある人気メニューのハンバーガー

MENU

ハンバーガー ･････････ 1,200円
ガーリックシュリンプ
（チャバタパン付き）･･･ 1,000円
タコライス ････････････ 1,200円
DIEGOブレンドコーヒー
･････････････････････ 400円
自家製レモンスカッシュ ･･･ 650円
オリオンビール ･･････････ 750円

CHECK

厚みのある昔ながらのパンケーキが人気

ボリュームがあるが、はちみつの優しい甘さで食べやすい「プレーンパンケーキ」（800円）

DATA

0466-63-7711
藤沢市片瀬海岸1-13-8
10:00〜14:30（LO）、
16:30〜20:30（LO）
火曜（祝祭日、イベントの場合は翌日）、
月に1度火曜、水曜連休
なし　テラス席のみ可
禁煙
小田急江ノ島線「片瀬江ノ島駅」より徒歩約4分

mizube cafe 48 藤沢市

Lucky Meal Mermaid

［ラッキー ミール マーメイド］

川と江の島を眺めながら心も体も幸せになる料理を

龍宮城のような「片瀬江ノ島駅」に降り立つ。ロータリーを渡り、川沿いを歩くと、白い外観の建物。細い階段を上って行くと、隠れ家のようなカフェに辿り着く。テラスから境川と江の島を望むそのカフェは、かつて貝殻を使った雑貨店を営んでいた清水貴子さんと、娘の凛々《りり》さん、そして息子の龍之介さんが営む、「Lucky meal＝幸せになる食事」をテーマにしたカフェだ。

料理には添加物を使用せず、健康にも配慮。中でも人気なのが、カラフルなヒオウギ貝を使用したメニューだ。濃厚なうま味が特徴の四国で養殖されているヒオウギ貝を使ったクラムチャウダーパスタが好評。「野生酵母の『白神こだま酵母』と、北海道の小麦、伊豆『観音温泉』の超軟水のお水を使った自家製パンも人気です。安心して食べていただけるお料理で心も豊かな時間をすごしていただけたらと思っています」と貴子さんは微笑む。

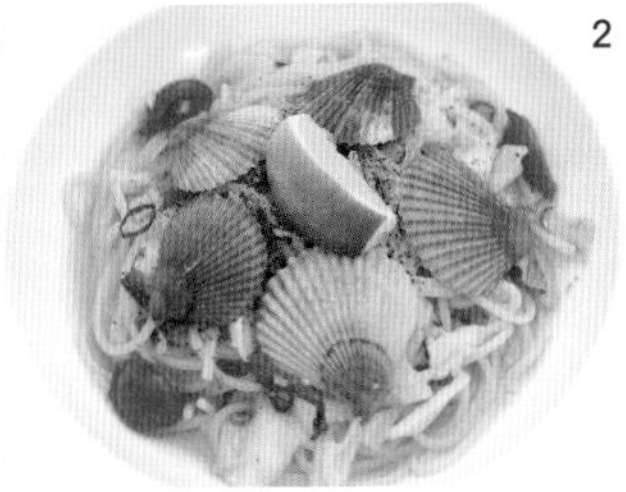

1.「人魚のカフェ」をイメージした可愛らしい店内には、貝やシーグラスを用いた雑貨も飾られている 2. 自家製のフュメ・ド・ポワソン（魚の出汁）と鵠沼魚醤を使用した「マーメイドスパゲティ」（1,870円） 3. 夜風にあたりながら過ごすテラス席もおすすめ

MENU

マーメイドクラムチャウダー
　スパゲッティー ……1,870円
江の島スパゲッティ
　湘南しらすと海苔のカルボナーラ
　…………………1,749円
天然酵母パン …………203円
エンジェルフードシフォン…924円
フルーツジンジャー ……935円

CHECK

藤沢で養殖された海ブドウを味わえることも！

湘南野菜や藤沢で養殖された海ブドウなどを使った「江ノ島サラダスパゲッティ」（1,980円）

DATA

0466-77-7429
藤沢市片瀬海岸2-8-17 2F
10:00～18:00（LO17:00）、
土曜・日曜・祝日～20:00（LO19:00）
※10:00～11:00、15:00～17:00（土日祝）
はスイーツ、ドリンク、アルコールのみ
休 木曜　P なし
テラス席のみ可　禁煙
小田急江ノ島線「片瀬江ノ島駅」より徒歩約1分

mizube cafe 49 中区

ANNIVERSAIRE CAFÉ みなとみらい横浜

［アニヴェルセルカフェ］

最高の景色を眺め特別な一日を

横浜の一大観光地、みなとみらい。週末ともなれば、多くの人で賑わいを見せる。しかし、みなとみらいのシンボルである観覧車のふもとにもかかわらず、静かな時間が流れる場所がある。「記念日を祝うカフェ」をコンセプトにする「アニヴェルセルカフェ みなとみらい横浜」だ。テラス席からは、運河越しに汽車道やランドマークタワーを眺めることができる。結婚式場に併設するカフェのため、ここで式を挙げたカップルが、記念日に訪れることも多いという。「式場のスタッフは、記念日をプロデュースするのが仕事です。それはカフェでも変わりません。プロポーズをしたり、年配のご夫婦でいらっしゃってお写真を撮られたり。みなとみらいは市民にとっても特別な場所。様々な記念日におもてなしさせていただければ嬉しいです」と店長の高橋順一さんは優しく微笑む。非日常を味わえる空間で、特別な一日を過ごしてみては。

1.南仏のカフェを彷彿とさせるリゾート感のある店内。 2.一番人気のアフタヌーンティーは季節ごとにテーマを変えて(3,300円) 3.パティシエ特製のスイーツも充実している

MENU

本日の肉料理 ………… 1,760円
本日のパスタ ………… 1,650円
ガトーショコラ ………… 770円
コーヒー(ポットサービス) … 900円
ホットティー(ポットサービス) ………… 990円
グラスワイン(白/赤) … 1,100円〜

CHECK

記念日に味わいたいコース料理

季節ごとのテーマを取り入れた期間限定のスペシャルランチコース(5,000円)で“プチ贅沢”な時間を楽しみたい

DATA

045-640-5188
横浜市中区新港2-1-4
11:00〜17:00(LO16:00)、土曜・日曜・祝日〜21:00(LO20:00)
休 火曜・水曜
P あり　テラス席のみ可　禁煙
みなとみらい線「みなとみらい駅」より徒歩約12分

自然・歴史
スイーツを満喫

戦国大名北条氏の居城となり、関東支配の中心となった小田原城

足を延ばして
ショートトリップ
②
小田原・箱根
short trip

小田原城も見渡す石垣山一夜城。現在は公園として整備されている（小田原市提供）

小田原産の果物を使用した
限定ケーキも味わえる

1

2
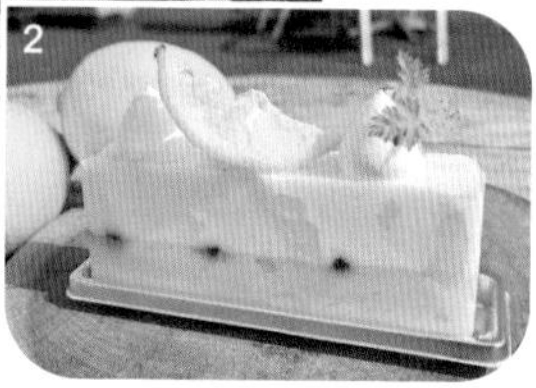

1. テラスから望む美しい相模湾の風景 2. 一夜城限定のレモンとはちみつを合わせたやさしい味わいのケーキ「ファーム・シトロン」

short trip
50
小田原市

一夜城 Yoroizuka Farm

［イチヤジョウ ヨロイヅカファーム］

神奈川県を代表する観光地、小田原・箱根。今回は、二つのカフェを巡るショートトリップに出かけよう。まずは城下町を歩きながら小田原城を目指す。天守閣から見渡す小田原の風景は格別だ。その後は、天守閣を見下ろす、石垣山一夜城へ。豊臣秀吉が小田原合戦の本営として、「一夜のうちに城を出現させた」というこの場所は、歴史のロマンを感じさせる。

そしてその、一夜城にあるのが、「一夜城Yoroizuka Farm」だ。パティシエの鎧塚俊彦さんが、「一次産業と連携したお店を」との思いで、2011年に開業。自ら手掛ける農園の先には、相模湾を見渡す。「ブルーベリーや栗、みかんや梅など、多くの果物をスタッフ自ら収穫し、ケーキの素材として使用しています。地元農家と連携し、小田原産のものも積極的に取り入れ、お客様にご紹介していきたいと思っています」とスタッフの遠藤さん。絶景を眺め、小田原を感じるスイーツに舌鼓。

DATA 0465-24-3150
小田原市早川1352-110
10:00〜17:00 休 火曜・水曜 P あり
テラス席のみ可 禁煙
JR「早川駅」及び箱根登山鉄道「箱根板橋駅」より車で約8分

short trip 51 箱根町

Switchback café

［スイッチバックカフェ］

小田原から電車に揺られ箱根湯本駅へ。そこからは箱根登山鉄道で山を登っていく。強羅までの8・9㎞の山間部を走る日本で有数の本格的な山岳鉄道。最も急勾配となる80‰（パーミル）の勾配を登るために行うスイッチバックが鉄道好きを惹きつける。

そんなスイッチバックを間近に見られるのが大平台にある「スイッチバックカフェ」だ。旅館「箱根上の湯」の1階に2021年にオープンしたこのカフェの窓のすぐ前を、15分に1度、スイッチバックする電車が通り過ぎていく。この様子を見るために、鉄道好きや家族連れが足しげく通っている。

「標高が高く、相模湾や房総半島まで望むことができます。そして野鳥観察ができるほど、多くの鳥が生息していて、自然を感じられる場所なんですよ」と話すのはオーナーの若松若枝さん。紫陽花はもちろん、新緑や紅葉、雪景色と四季の移り変わりを感じる。大人も子どもも楽しむことができる場所だ。

1

満開の紫陽花の中
登山鉄道が行く姿を間近に

2

3

1.2バランスの良い食事を意識したメニュー。自家製のドレッシングや酵素玄米も人気　3.大平台の名水「姫の水」で淹れたコーヒーはやわらかい味わいに

6、7月に見ごろを迎える大平台の紫陽花。車窓から眺めることができるため、「あじさい電車」とも呼ばれる

DATA 0460-82-6681
足柄下郡箱根町大平台535-1
11:00〜16:00（LO15:30）　休 水曜・木曜（SNS要確認）
P あり　不可　禁煙（喫煙スペースあり）
箱根登山鉄道「大平台駅」より徒歩約5分

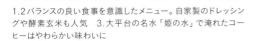

全体MAP

川崎市
11
24
18
16
49
38
15
39
14
12
13
22
21
03
逗子市
26
27
28
葉山町
06
横須賀市
三浦市
30
29

23
08
45
相模原市
42
44
愛川町
46
20
43
40
19
清川村
座間市
17
07
大和市
厚木市
横浜市
綾瀬市
海老名市
10
山北町
09
伊勢原市
松田町
秦野市
25
寒川町
藤沢市
平塚市
鎌倉市
茅ヶ崎市
02
01
開成町
大井町
中井町
37
36
48
47
04
33
大磯町
31
南足柄市
二宮町
35
34
小田原市
50
箱根町
51
41
湯河原町
真鶴町

エー・アール・ティ
取材・編集・本文　堀内貴栄　尾花知美　宮本翼　糸岡佑利子
デザイン　三井京子

エー・アール・ティのご紹介

エー・アール・ティでは、東京、そして横浜・鎌倉・湘南地域のこだわりのお店を紹介する本を制作しています。また、月刊誌『江戸楽』を発行し、東京や日本の歴史文化を紹介。地域に密着した情報をお届けしています。

『江戸楽』についてのお問い合わせはこちら
エー・アール・ティ『江戸楽』編集部
〒103-0024　東京都中央区日本橋小舟町2-1 130ビル3F
TEL 03-5614-6600
https://www.a-r-t.co.jp/edogaku/

神奈川 カフェ日和
森と水辺に訪ねるお店

2023年10月30日　第1版・第1刷発行

著　者　エー・アール・ティ
発行者　株式会社メイツユニバーサルコンテンツ
代表者　大羽 孝志
〒102-0093　東京都千代田区平河町一丁目1-8
印　刷　シナノ印刷株式会社

◎『メイツ出版』は当社の商標です。

●本書の一部、あるいは全部を無断でコピーすることは、法律で認められた場合を除き、著作権の侵害となりますので禁止します。
●定価はカバーに表示してあります。
©エー・アール・ティ,2023 ISBN978-4-7804-2829-2　C2026　Printed in Japan.

ご意見・ご感想はホームページから承っております。
ウェブサイト　https://www.mates-publishing.co.jp/

企画担当：折居かおる